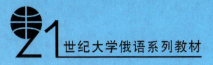

21 世纪大学俄语系列教材

兰州大学教材建设基金资助

俄语泛读（上）

※ 徐晓荷 编

图书在版编目(CIP)数据

俄语泛读(上)/徐晓荷编. —北京：北京大学出版社,2010.1
(21世纪大学俄语系列教材)
ISBN 978-7-301-15926-2

Ⅰ．俄…　Ⅱ．徐…　Ⅲ．俄语—阅读教学—高等学校—教材　Ⅳ．H359.4
中国版本图书馆CIP数据核字(2009)第173674号

书　　　名：	俄语泛读(上)
著作责任者：	徐晓荷 编
责 任 编 辑：	张　冰
标 准 书 号：	ISBN 978-7-301-15926-2/H·2327
出 版 发 行：	北京大学出版社
地　　　址：	北京市海淀区成府路205号　100871
网　　　址：	http://www.pup.cn
电　　　话：	邮购部 62752015　发行部 62750672　编辑部 62765014　出版部 62754962
电 子 信 箱：	zbing@pup.pku.edu.cn
印 　刷 　者：	北京虎彩文化传播有限公司
经 　销 　者：	新华书店
	787毫米×1092毫米　16开本　8.5印张　182千字
	2010年1月第1版　2021年6月第4次印刷
定　　　价：	28.00元

未经许可，不得以任何方式复制或抄袭本书之部分或全部内容。
版权所有，侵权必究
举报电话：(010)62752024　电子信箱：fd@pup.pku.edu.cn

前言

《俄语泛读》教材分上、中、下三册，主要供高等院校俄语专业本科生用作泛读课教材。本教材供一年级第二学期和二年级两学期使用，每学期各用一册。本教材也适用于公外俄语各级学生，专业俄语专科生及本科阶段未使用过本教材的硕博生（中、下册），出国人员，想更多了解俄罗斯国情、文化、习俗、礼节等知识的俄语学习者，尤其适合于想加强俄语语言功底或学习俄语但效果不佳者。

本教材贯彻始终的宗旨是通过俄语泛读教材的学习扩大词汇量，夯实语言功底，提高阅读能力，同时获取各类文化国情知识，从而提升学生个人的综合素养。

本教材遵循由浅入深、循序渐进的编写原则。上册课文内容以趣味性较强的故事为主，主要满足俄语初学者的需要。中、下册课文增多，难度逐步加深。鉴于历史事件、历史人物出现的先后顺序及同一主题的归类，中、下册部分课文难易度有所调整。

本教材内容充实、涉及面广，集知识性、趣味性和品德修养于一体。选材涉及俄语文化国情、历史人物、风俗习惯、名胜古迹、社会现状、学生生活和学习、自然环保、谚俗语、笑话、绕口令等多种体裁、多个层面。

本教材各课包括课文、注解、生词、短语、谚俗语和熟语及格言、练习、笑话等内容，每部分均标注重音以便学习。各课都配有含文化知识的单选题，夯实学生语言功底的完型填空题，译出课文难句和重点句的翻译题，启发学生进一步思考或反思的问答题。教师可根据各自的情况灵活安排所有练习。如此突出重点，旨在强化教学效率，提高学生学习效果，引导学生从中悟出学习俄语的良方。此外，教材中常常出现一些俄文缩写词，为便于学习，各册前言后附有略语表，书末配有单选题答案。

为确保泛读课程的高效进行，建议学生课前读记生词、预习课文、完成单选题，有疑问可参考答案；课后做其他习题，熟读课文，背诵短语、谚俗语和熟语及格言，掌握课文中涉及的各类重要语言文化国情知识。

本册教材练习一、四分别由Пасичников В. В., Пасичникова Т. Г.和Ефименко А. Е.审阅，北京大学出版社张冰主任也认真审阅了本教材，审阅者均提出了一些宝贵的建议。同时北京大学出版社为本教材的出版给与了大力的支持与协助。编者在此向各位审阅人和出版单位致以衷心的感谢！

本教材虽经反复修改，但仍会有不足之处，热忱希望俄语同仁及广大读者批评指正。编者联系方式：xiaohex@lzu.edu.cn。

徐晓荷　2009年10月

略语表

безл. [无人称] – безличный глагол
　无人称动词
буд. – будущее время 将来时
вводн. сл. – вводное слово 插入语
воен. <军> – военный (термин) 军事术语
в функц. сказ. – в функции сказуемого
　用作谓语
выс. <雅> – высокое 崇高词，雅语
дееприч. – деепричастие 副动词
дополн. – дополнение 补语
ед. [单] – единственное число 单数
ж. [阴] – женский род 阴性
жарг. <俚> – жаргон 俚语词
инф. – инфинитив 不定式
ирон. <讽> – ироническое 讽刺用语
ист. <史> – историческое 历史词语
книжн. <书> – книжное 书面语
кратк. – краткая форма 短尾形式
л. – лицо 人称
м. [阳] – мужской род 阳性
матем. <数> – математика 数学
мн. [复] – множественное число 复数
муз. <乐> – музыкальный (термин)
　音乐术语
наст. – настоящее время 现在时
неизм. [不变] – неизменяемое 不变格词
неодобр. <不赞> – неодобрительное 不赞词语
неперех. [不及物] – непереходный глагол
　不及物动词

нескл. [不变] – несклоняемое 不变格词
нсв. [未] – несовершенный вид 未完成体动词
однокр. [一次] – однократный глагол
　一次体动词
повел. – повелительное наклонение 命令式
поэт. <诗> – поэтическое 诗歌词语
презр. <蔑> – презрительное 蔑视词语
прил. [形] – имя прилагательное 形容词
прич. – причастие 形动词
прост. <俗> – просторечие 俗语
прош. – прошедшее время 过去时
публиц. – публицистическое 报刊词语
разг. <口> – разговорное 口语词
религ. <宗> – религия 宗教
св. [完] – совершенный вид 完成体
см. – смотрите 见，参阅
сниж.<贬> сниженное 贬低词语
собир. [集] – собирательное 集合名词
ср. [中] – средний род 中性
сравн. ст. – сравнительная степень 比较级
стр. – страница （书本的）页
суф. – суффикс 后缀
сущ. – имя существительное 名词
употр. – употребляется, употребляются
　使用，用于
устар. <旧> – устарелое 旧词
шутл. <谑> – шутливое 戏谑用语

目 录

1	1. Счастли́вая скаме́йка
6	2. Как Серге́й стал по́варом
10	3. Как я встреча́л Но́вый год
13	4. По сове́там врача́
16	5. Настоя́щая ма́ма
19	6. Портре́ты уча́стников войны́
22	7. Как Алёша ушёл из шко́лы
26	8. Ли́шний биле́т
30	9. Фотопортре́т
34	10. Мой пе́рвый буке́т
38	11. Дом о́тдыха
42	12. Как прое́хать по го́роду
45	13. Встре́ча
48	14. Пе́рвое сентября́
52	15. Нелюби́мые пода́рки
55	16. Соли́стка о́перы
59	17. Худо́жник Алекса́ндр Дейне́ка о себе́
62	18. Снача́ла де́сять лет, а пото́м – всю жизнь
66	19. Ту́зик
70	20. Рабо́та учи́теля

74	21. Они́ стро́ят но́вую доро́гу
78	22. Но́вый год
82	23. Смея́ться и́ли молча́ть?
85	24. У́тро
88	25. Скри́пка
92	26. Дельфи́ны
97	27. Не́сколько слов о ру́сском языке́
100	28. Ру́сский язы́к
104	29. Изуча́йте иностра́нные языки́!
109	30. Как я разгова́ривал по-ру́сски без перево́дчика
113	31. Челове́к и расте́ния
117	32. Челове́к и приро́да
121	33. Зелёный крест
126	34. Населе́ние плане́ты
130	Ключи́ к те́кстам

1

Счастливая скамейка

У меня есть счастливая скамейка. Она стоит в небольшом красивом парке. А счастливая она потому, что я всегда хорошо сдавал зачёты и экзамены, когда готовился к ним в парке на этой скамейке.

Вот и недавно я сидел на своей скамейке, готовился к экзамену по математике. На скамейку села молодая женщина с маленькой девочкой.

— Ой, — вдруг сказала она. — Я забыла купить хлеб. Я оставлю здесь Вёрочку, куплю хлеб и быстро вернусь.

— Но я... — начал я.

— Вёрочка очень спокойная девочка, она никогда не плачет. А я быстро, — сказала она и ушла.

Вёрочка серьёзно смотрела на меня, я смотрел на неё и думал: о чём можно говорить с такими маленькими детьми?

И вдруг начался дождь. Вёрочка заплакала. Я взял её на руки и побежал в магазин, в который, как я думал, пошла Вёрочкина мама. Но в магазине я её не увидел, а Вёрочка продолжала плакать. Что было делать? И я решил пойти домой, оставить Вёрочку с моей мамой, вернуться в парк и ждать там Вёрочкину маму.

Дверь открыла моя мама. Она долго смотрела на меня и ничего не могла сказать.

— Кто это? — спросила она наконец.

— Вёрочка, — ответил я. — Понимаешь, я сидел в парке на скамейке, занимался...

скамейка 长椅，长凳，板凳

Но мама меня не слушала.

— Сколько ей?

— Я не знаю. Я сидел на скамейке, занимался...

— Ну и ну... Даже не знаешь, сколько ребёнку...

— Мама, ну откуда я могу знать? Я же тебе говорю: я сидел на скамейке...

Тут из комнаты вышел папа.

— Что случилось? — спросил он.

— Поздравляю тебя, дорогой! — начала мама. — Если я всё правильно поняла, ты стал дедушкой. А это твоя внучка. Её зовут Верочка. Это всё, что я знаю.

— О чём ты говоришь, мама!? — закричал я. — Я же тебе всё объяснил. Я сидел на скамейке, занимался... — И я опять начал рассказывать эту грустную историю. Но тут Верочка заплакала снова. Мама и папа взяли её и пошли в комнату. Скоро Верочка уже не плакала, а весело смотрела на моих родителей. Мама и папа тоже улыбались.

— Посмотрите, какая симпатичная девочка. И очень похожа на меня. Ну, это и понятно, если я её бабушка, — сказала мама.

— Мама, я в последний раз тебе говорю, что это не мой ребёнок...

Но ни мама, ни папа меня не слушали. Они весело играли с Верочкой.

— Вот что, — сказал я. — Я иду в парк искать маму этой девочки...

В парке я сразу увидел Верочкину маму. Она громко плакала, почти так, как плакала недавно Верочка.

— Где она? Где Верочка? — закричала она, когда увидела меня.

— У нас дома. С ней мои родители. Я живу вот в этом доме. Пойдёмте к нам.

— Ой, большое спасибо. Извините меня. Я уже не знала, что и думать. Хотела идти в милицию.

— Всё хорошо, что хорошо кончается, — сказал я, взял её сумку, и мы пошли.

Дверь открыл папа. Он был в новом костюме: ждал гостей. Мама тоже была в красивом платье.

— Знакомьтесь, — сказал я. — Это мои родители. А это...

— Нина, — сказала Верочкина мама. — Извините, что всё так случилось. И ещё раз спасибо вам всем.

— Садитесь, пожалуйста, — сказал папа.

— Да-да, — сказала мама. — Сейчас мы будем обедать.

грустный 1. 愁闷的，忧郁的
2. *разг.* 糟糕的，令人懊丧的
милиция *разг.* 民警；民警局

1. Счастливая скамейка

— Нет-нет, — сказала Нина. — Мы уже давно должны быть дома. Ещё раз спасибо. Мы должны идти, нас ждут.

Нина взяла Вёрочку на руки.

— Разрешите, я возьму, — сказал я и взял Вёрочку.

Родители смотрели на нас, и я видел, что мы им очень нравимся.

— Вёрочка такая симпатичная девочка... Приходите к нам с Вёрочкой, мы будем очень рады, — сказала мама.

И вот мы идём с Вёрочкой и её мамой, а я не знаю, о чём говорить. Наконец я говорю:

— Вы знаете, Вёрочка очень похожа на Вас.

— Это все говорят. И это понятно: мы с сестрой очень похожи.

— С какой сестрой?

— С моей старшей сестрой Аней.

— Как? Значит, это...

— Да, Вёрочка — дочь моей старшей сестры. Она поехала в аэропорт встречать папу Вёрочки. А у меня сейчас экзамены. Я сижу дома и готовлюсь к экзаменам. Вот сестра и оставила Вёрочку со мной...

> **аэропорт** 航空港，机场
> **пожениться, -женимся, -женитесь**
> *св.* 结婚

...Скоро мы с Ниной поженились. Моя мама говорит, что Нина ей сразу понравилась. Папа говорит то же. А за всё спасибо моей скамейке.

Запомните!

в последний (первый, следующий) раз
　最后一（第一，下一）次
взять кого на руки 抱起某人

готовиться к экзамену по математике
　准备数学课考试

Пословица

Всё хорошо, что хорошо кончается. 有个好结局才算真正的好；圆满结局。

3

Задания

I. Выберите ответ, соответствующий содержанию прочитанного текста.

1. Кто сел на скамейку в парке, когда автор занимался на ней?

   А. Молодая женщина, которая гуляла в парке с дочкой.

   Б. Вёрочкина сестра.

   В. Старшая сестра Аня.

   Г. Вёрочкина тётя, которая потом стала женой автора.

2. Почему Вёрочка вдруг заплакала?

   А. Она не видела свою маму.

   Б. Пошёл дождь и рядом с ней был незнакомый.

   В. Она хотела есть.

   Г. Её обидет один мальчик.

3. О чём подумала мать автора, когда её сын пришёл домой с Вёрочкой?

   А. Она подумала, что это была её внучка.

   Б. Она подумала, что сын нашёл девочку на улице.

   В. Она подумала, что сын привёл домой девочку, которая ему понравилась.

   Г. Она подумала, что это была девочка соседа.

4. На кого похожа Вёрочка?

   А. На маму.   Б. На маму и тётю.

   В. На папу.   Г. На сестру.

5. Как вы думаете, кто познакомил автора с Ниной?

   А. Вёрочкина мама.   Б. Старшая сестра Аня.

   В. Маленькая Вёрочка.   Г. Его родители.

II. Поставьте подчеркнутые линией слова в нужной форме, употребляя, где нужно предлоги. Укажите ударение.

1. Я забыла купить хлеб. Я ____оставить____ здесь ____Вёрочка____, куплю хлеб и быстро ____вернуться____.

2. Она поехала ____аэропорт____ встречать папу Вёрочки.

3. Я ____сидеть____ дома и готовлюсь ____экзамены____.

1. Счастли́вая скаме́йка

III. Переведи́те сле́дующие предложе́ния на кита́йский язы́к.

1. Я всегда́ хорошо́ сдава́л зачёты и экза́мены, когда́ гото́вился к ним в па́рке на э́той скаме́йке.

2. Я уже́ не зна́ла, что и ду́мать.

3. Он был в но́вом костю́ме: ждал госте́й.

4. Мы уже́ давно́ должны́ быть до́ма.

5. Я ви́дел, что мы им о́чень нра́вимся.

IV. Отве́тьте на вопро́сы по-ру́сски.

1. Э́тот расска́з вас заинтересова́л?

2. О чём идёт речь в э́том те́ксте?

3. Как вы ду́маете, е́сли бы де́йствие расска́за происходи́ло в Кита́е, кита́йские роди́тели вели́ бы себя́ так, как ру́сские роди́тели?

Анекдо́т

Па́па звони́т сосе́ду:

— Вы сде́лали за сы́на дома́шнее зада́ние по матема́тике?

— Сде́лал....

— Да́йте списа́ть...

2

Как Сергей стал поваром

Учитель математики Иван Иванович Петров ехал в поезде. Вечером он пошёл в вагон-ресторан, чтобы поужинать.

Когда ему принесли ужин и он начал есть котлету, он ахнул: такую прекрасную котлету Иван Иванович не ел никогда в жизни. Таким же вкусным был и весь остальной ужин. Иван Иванович решил познакомиться с поваром, который так вкусно готовил. Но когда он увидел повара, он ахнул ещё раз: поваром работал его бывший ученик Сергей Медведев, который отлично учился в школе. Иван Иванович считал, что Сергей будет физиком или математиком. «Вот уж никогда не думал, что ты станешь поваром. Но готовишь ты отлично», – сказал Иван Иванович.

На вопрос Ивана Ивановича, как и почему он стал поваром, Сергей ответил, что очень доволен своей работой, что считает свою специальность очень интересной.

– Как и почему я выбрал эту специальность? Это случилось в 10 классе, – начал свой рассказ Сергей. – Вы ушли работать в другую школу. Наша новая учительница математики хотела помочь нам выбрать специальность, поэтому она часто приглашала в школу разных специалистов: геологов, лётчиков, врачей.

Однажды она пригласила в школу физика. В то время многие ученики нашей школы «болели» физикой. К нам пришёл старый, но ещё очень энергичный человек. Сказал, что он профессор физики, и начал рассказывать о своей встрече с Альбертом Эйнштейном. «Это было в Париже. Меня познакомили с Альбертом Эйнштейном. Когда Эйнштейн узнал, что я русский и тоже физик, он предложил мне пойти в русский ресторан и там поговорить. Пришли. Сели. Эйнштейн заказал настоящий русский обед...» И тут старый профессор начал рассказывать нам, что они ели и

повар 厨师

вагон-ресторан 餐车

котлета 肉饼

энергичный 精力充沛的，充满活力的

2. Как Сергей стал поваром

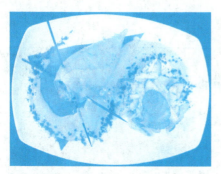

пи́ли и как э́то гото́вят. Расска́зывал он нам об э́том час и так интере́сно, что все мы забы́ли и о фи́зике, и да́же о вели́ком Эйнште́йне. По́сле э́того расска́за мы попроси́ли его прийти́ к нам ещё раз. Пять раз мы встреча́лись с профе́ссором, и ка́ждый раз он начина́л расска́зывать о фи́зике, а пото́м, что и как гото́вить. «Фи́зика, – говори́л он, – нау́ка ва́жная, слов нет. Но что фи́зик? Всю жизнь рабо́тает, мо́жет быть, сде́лает одно́ откры́тие – вот и всё. А по́вар ка́ждый день открыва́ет но́вое, е́сли он, коне́чно, настоя́щий по́вар». Мы ещё шесто́й раз хоте́ли пригласи́ть на́шего профе́ссора в шко́лу, но уже́ бы́ло по́здно: начали́сь экза́мены. А по́сле оконча́ния шко́лы я реши́л стать по́варом и поступи́л в кулина́рный те́хникум. В шко́ле я об э́том, коне́чно, никому́ не сказа́л, потому́ что ду́мал, что ребя́та бу́дут смея́ться. Пе́рвого сентября́ пришёл на заня́тия и ви́жу: на моём ку́рсе 10 челове́к из на́шего кла́сса! А че́рез не́сколько дней мы встре́тили в те́хникуме... на́шего профе́ссора. «Что вы тут де́лаете?» – спроси́ли мы его́. «Ви́дите ли, я не фи́зик, а по́вар, в рестора́не рабо́таю и тут преподаю́. Вы меня́ извини́те, что я вам тогда́ непра́вду сказа́л. Всё фи́зика, да фи́зика... Но вы о на́шей профе́ссии и слу́шать не хоти́те. А на́ша профе́ссия не ху́же!...»

> кулина́рный 烹饪的，烹调的

Комментарий

Альбе́рт Эйнште́йн 阿尔伯特·爱因斯坦 (1879—1955) — всеми́рно изве́стный фи́зик-теоре́тик.

Запомните!

слов нет 无须多说，无须争论 сде́лать откры́тие 做出发现
кулина́рный те́хникум 烹饪技校

Пословицы

Да́же са́мая хоро́шая хозя́йка не сва́рит ка́шу без крупы́. 巧妇难为无米之炊。
Гора́ с горо́й не схо́дятся, а челове́к с челове́ком сойду́тся.
山和山无法相会，人与人总会相逢。

Задáния

I. Вы́берите отвéт, соотвéтствующий содержáнию прочи́танного тéкста.

1. Где познакóмился Ивáн Ивáнович с пóваром?

   А. На ýлице.

   Б. На концéрте в теáтре.

   В. В вагóне-ресторáне.

   Г. В пóезде.

2. Кем оказáлся пóвар?

   А. Егó учи́телем.

   Б. Егó бы́вшим ученикóм.

   В. Егó бы́вшим студéнтом.

   Г. Егó стáрым дрýгом.

3. Почемý Сергéй вы́брал э́ту специáльность?

   А. Он плóхо учи́лся в шкóле и не сдал вступи́тельные экзáмены в институ́т.

   Б. Он с дéтства мечтáл стать пóваром.

   В. Потомý что поварá в Росси́и получáют сáмую высóкую зарплáту.

   Г. Емý óчень понрáвился расскáз профéссора фи́зики о искýсстве пóвара.

4. Кто кáждый день открывáет чтó-то нóвое?

   А. Настоя́щий пóвар.

   Б. Профéссор фи́зики.

   В. Настоя́щий учёный.

   Г. Вели́кий Альбéрт Эйнштéйн.

5. Кем оказáлся профéссор фи́зики?

   А. Члéном Акадéмии наýк Росси́и.

   Б. Лётчиком-космонáвтом.

   В. Арти́стом ци́рка.

   Г. Преподавáтелем кульнáрного тéхникума.

II. Постáвьте подчеркнýтые ли́нией словá в нýжной фóрме, употребля́я, где нýжно предлóги. Укажи́те ударéние.

1. Сергéй отвéтил, что óчень довóлен _____своя́_____ _____рабóта_____, что считáет _____своя́_____

2. Как Сергей стал поваром

специа́льность ___о́чень___ ___интере́сная___.

2. ___Вся жизнь___ рабо́тает, мо́жет быть, сде́лает одно́ откры́тие – вот и всё.

III. Переведи́те сле́дующие предложе́ния на кита́йский язы́к.

1. Таку́ю прекра́сную котле́ту Ива́н Ива́нович не ел никогда́ в жи́зни.

2. В шко́ле я об э́том, коне́чно, никому́ не сказа́л, потому́ что ду́мал, что ребя́та бу́дут смея́ться.

IV. Расскажи́те по-ру́сски ко́ротко:

1. Почему́ Серге́й стал по́варом, а не фи́зиком?
2. Как вы вы́брали свою́ специа́льность? Она́ вам нра́вится?

Анекдо́т

Четырёхле́тний Во́вочка расска́зывает ма́ме:

– Ма́ма, сего́дня в са́дике нас проверя́л врач.

– А что он проверя́л?

– Проверя́л, ды́шим мы и́ли нет.

3

Как я встречал Новый год

История, о которой я хочу рассказать вам, случилась в Новый год.

Кто я такой? Зовут меня Андрей, я агроном, работаю в Сибири, в колхозе. Год назад я первый раз приехал в Москву. Очень скоро я кончил свои дела и решил, что Новый год буду встречать в Москве. Но где? В Москве у меня знакомых нет. Только Николай. Мы с ним вместе ехали в поезде. Он ещё тогда приглашал меня к себе встречать Новый год.

Я позвонил Николаю. Он был очень рад моему звонку. Сам он в новогоднюю ночь должен был дежурить на заводе. Он сказал, что мы вместе поедем к его друзьям, он меня познакомит с ними, а потом поедет дежурить на завод.

Ехать нам нужно было в новый район Москвы, в Черёмушки. Приехали мы туда, подошли к большому новому дому. Нас встретила очень симпатичная старушка. Она сразу попросила нас пойти в магазин купить горчицу. Я, конечно, сказал, что с удовольствием пойду. Магазин был рядом, я его видел, когда мы шли по улице к дому. Я быстро пошёл в магазин, купил горчицу и пошёл обратно. А вот куда идти, не знаю. Адрес я забыл спросить, а какой дом — тоже не помню. Смотрю, все дома новые — в какой идти, мне непонятно. Стою на улице и не знаю, что мне делать.

Вдруг ко мне подошла девушка и спросила: «Что вы тут скучаете? Скоро Новый год!».

Я ей рассказал всё. Тогда девушка засмеялась и сказала:

— А знаете, знакомая Николая — это я! Меня зовут Вера. Уже целый час я вас ищу! Пойдёмте, скоро Новый год!

Друзья Николая мне очень понравились. Лучше всех была Вера. Мы всё время танцевали. Я рассказывал

агроном 农学家，农艺师
колхоз (коллективное хозяйство)
集体农庄
горчица 芥末
скучать нсв. 1. 寂寞，无聊
2. 烦闷，苦闷

3. Как я встречал Новый год

ей о себе, о Сибири.

– Знаете, Вера, как хорошо у нас! Кончайте институт и приезжайте весной к нам. Приезжайте! – говорил я ей.

Уже утром Вера сказала мне:

– Не сердитесь, я обманула вас. Я не знаю Николая. Когда вы рассказали мне обо всём, мне стало жаль вас, вот я и пригласила вас к нам.

Я не сердился. Это была моя лучшая новогодняя ночь.

Так я встретил Новый год в прошлом году. А в этом году я встречаю его у себя в Сибири и тоже вместе с Верой.

> обманывать; обмануть, -ану, -анешь. кого-что. 欺骗, 蒙骗, 哄骗

Запомните!

в новогоднюю ночь 新年之夜，除夕

Пословицы

> В гостях хорошо, а дома лучше. 做客虽好，却不如在家。
> Дома и стены помогают. 在家千日好，出门一时难。

Задания

I. Выберите ответ, соответствующий содержанию прочитанного текста.

1. Кто автор рассказа?

   А. Агроном из Сибири.   Б. Инженер из Москвы.

   В. Рабочий из Москвы.   Г. Колхозник из Сибири.

2. С кем Андрей решил встречать Новый год в Москве?

   А. С любимой девушкой.   Б. Со школьным другом.

   В. С попутчиком по вагону.   Г. Со своими коллегами.

3. Почему Андрей оказался на улице один в Новогоднюю ночь?

   А. Николай дал ему неправильный адрес.

   Б. Он пошёл в магазин и потерял дорогу к дому.

   В. Его не приняли в гости друзья Николая.

Г. Он ждал Ве́ру.

4. Кто нашёл Андре́я на у́лице?

   А. Никола́й.　　　　　　　　　Б. Знако́мая Никола́я.

   В. Незнако́мая де́вушка.　　　　Г. Милиционе́р.

5. Како́е настрое́ние бы́ло у Андре́я в э́ту нового́днюю ночь?

   А. Он был разочаро́ван.

   Б. Ему́ бы́ло о́чень гру́стно.

   В. Э́то была́ его́ лу́чшая нового́дняя ночь.

   Г. Он был серди́т на Ве́ру за то, что она́ обману́ла его́.

II. Поста́вьте подчеркну́тые ли́нией слова́ в ну́жной фо́рме, употребля́я, где ну́жно предло́ги. Укажи́те ударе́ние.

1. Он был о́чень рад _____ мой _____ звоно́к _____ .

2. Мы всё вре́мя танцева́ли. Я расска́зывал _она́_ _____ себя́ _____ , Сиби́рь _____ .

3. Когда́ вы рассказа́ли мне _____ всё _____ , я ста́ло жаль _____ вы _____ , вот я и пригласи́ла вас _____ мы _____ .

III. Переведи́те сле́дующие предложе́ния на кита́йский язы́к.

1. Исто́рия, о кото́рой я хочу́ рассказа́ть вам, случи́лась в Но́вый год.

2. Смотрю́, все дома́ но́вые – в како́й идти́, мне непоня́тно.

3. Стою́ на у́лице и не зна́ю, что мне де́лать.

4. А в э́том году́ я встреча́ю Но́вый год у себя́ в Сиби́ри и то́же вме́сте с Ве́рой.

IV. Ко́ротко расскажи́те по-ру́сски основно́е содержа́ние э́того расска́за.

Анекдо́т

Ка́ждый раз, когда́ я выхожу́ из парикма́херской, меня́ му́чает оди́н и тот же вопро́с – заче́м меня́ спра́шивали, как я хочу́ постри́чься?

парикма́херская *сущ.* 理发店
му́чать *нсв.* кого́-что. 使痛苦, 使苦恼
постри́чься *св.* 理发

4

По советам врача

Однажды мне показалось, что я болен. Я пошёл в библиотеку, чтобы прочитать в медицинском справочнике о том, как нужно лечить мою болезнь.

Я взял книгу, прочитал там всё, что нужно, а потом стал читать дальше. Когда я прочитал о холере, я понял, что болен холерой уже несколько месяцев. Я испугался и несколько минут сидел неподвижно.

Потом мне стало интересно, чем я болен ещё. Я начал читать по алфавиту и прочитал весь справочник. И тогда я понял, что у меня есть все болезни, кроме воды в колене.

Я заволновался и начал ходить по комнате. Я думал о том, какой интересный случай я представляю для медицины! Студентам – будущим врачам – не надо ходить на практику в больницу. Я сам – целая больница. Им нужно только внимательно осмотреть меня и после этого можно сразу получать диплом.

Мне стало интересно, сколько я ещё проживу. Я решил сам осмотреть себя. Я стал искать пульс. Сначала никакого пульса не было. Вдруг он появился. Я стал считать. Сто сорок! Я стал искать у себя сердце: я его не нашёл. Мне стало страшно, но потом я решил, что оно всё-таки находится на своём месте. Просто я не могу его найти.

Когда я входил в библиотеку, я чувствовал себя счастливым человеком, а когда выходил оттуда, – больным стариком.

Я решил пойти к своему врачу – моему старому другу. Я пошёл к нему и сказал:

– Дорогой мой! Я не буду

справочник 手册，指南
холера 霍乱病
алфавит 1. 字母表 2. 索引，检字表
колено, -a; мн. колени, -ней и -лен 膝盖
пульс 脉搏

рассказывать тебе о том, какие болезни у меня есть. Жизнь коротка. Лучше я скажу тебе, чего у меня нет. У меня нет воды в колене.

Врач осмотрел меня, сел за стол, написал что-то на бумажке и отдал мне. Я не посмотрел на рецепт, а положил его в карман и сразу пошёл за лекарством. В аптеке я отдал рецепт аптекарю. Он прочитал его и вернул со словами:

— Здесь аптека, а не продуктовый магазин и не ресторан.

Я с удивлением посмотрел на него, взял рецепт и прочитал: «Бифштекс — один, принимать каждые шесть часов. Пиво — одна бутылка. Прогулка — одна, принимать по утрам. И не говори о вещах, в которых ты ничего не понимаешь».

бифштекс[тэ] 煎牛排

Так я и сделал. Совет врача спас мне жизнь. И я жив до сих пор.

Запомните!

медицинский справочник 医学指南
вода в колене 膝盖积水
ходить на практику куда 去某地实习

находиться на своём месте 在原位
сесть за стол 坐到桌旁
до сих пор 到现在, 到目前

Пословицы

В здоровом теле здоровый дух. 健康的精神寓于健康的身体。
Здоровье дороже всего. 健康最宝贵。

Задания

I. Выберите ответ, соответствующий содержанию прочитанного текста.

1. Где автор получил сведения о лечении своей болезни?
   А. В больнице.　　　　　　Б. У знакомого врача.
   В. В библиотеке.　　　　　Г. В медицинском справочнике.

2. Почему автор решил, что у него есть все болезни?
   А. Потому что у него всё болело.
   Б. Потому что ему казалось, что он болеет всеми болезнями.

4. По советам врача

В. Потому что он прочитал весь справочник.

Г. Потому что он хотел лечиться в больнице.

3. Чего долго не мог найти автор?

    А. Больницу.   Б. Аптеку.

    В. Магазин.   Г. Своего пульса и сердца.

4. К кому обратился автор, выйдя из библиотеки?

    А. К своему другу-врачу.

    Б. К аптекарю.

    В. К автору медицинского справочника.

    Г. К телеведущему программы «здоровье на телевидении».

5. Какое лечение рекомендовал врач автору?

    А. Поездка на курорт.   Б. Лечь в больницу на длительный срок.

    В. Серьёзная операция.   Г. Бифштекс, пиво, прогулка каждый день.

II. Поставьте подчеркнутые линией слова в нужной форме, употребляя, где нужно предлоги. Укажите ударение.

1. Потом __я__ стало интересно, __что__ я болен ещё.

2. Врач осмотрел __я__, сел __стол__, написал что-то __бумажка__ и отдал __я__.

3. Я не посмотрел на рецепт, а положил его _____ __карман__ и сразу пошёл __лекарство__.

III. Переведите следующие предложения на китайский язык.

1. Я начал читать по алфавиту и прочитал весь справочник.

2. Мне стало интересно, сколько я ещё проживу.

3. Так я и сделал. Совет врача спас мне жизнь.

IV. Ответьте на вопросы по-русски.

1. Что делал автор, когда ему показалось, что он болен?

2. Как, по-вашему, относится главный герой рассказа к своему здоровью?

Анекдот

– Серёжа, как ваша новая учительница?

– Отлично! Гриппует уже третий раз за месяц!

5

Настоящая мама

Это случилось во время войны, в 1944 году. В маленьком городке был детский дом, в котором жили дети из Ленинграда. Их родители или умерли, или погибли на фронте.

В детском доме работала медсестрой одна женщина, очень хорошая и добрая. Её звали Аграфёна Ивановна. Её муж погиб на фронте, и она жила одна. В детском доме ей очень нравилась одна девочка – Валя. Аграфёна Ивановна ходила с ней гулять, рассказывала ей сказки и часто думала об этой девочке как о дочке. Она хотела, чтобы Валя жила у неё.

Валя не помнила о Ленинграде, о родителях. Она забыла, какая у неё мама, и никогда не говорила о прошлой жизни. В детском доме говорили, что Валя считает мамой Аграфёну Ивановну.

Аграфёна Ивановна боялась взять девочку. Она точно знала, что мать Вали погибла, но документа о смерти отца не было, и она думала, что он может вернуться и взять девочку. Поэтому она решила не работать больше в детском доме.

Она не была там два месяца, но потом опять пришла. Она очень хотела видеть Валю.

Вскоре в детском доме получили документ о смерти отца Вали. Тогда Аграфёна Ивановна решила взять девочку домой.

Вале очень понравилась квартира, в которой жила её новая мама. В комнате было чисто и тепло. Аграфёна Ивановна поставила на стол патефон, и они стали слушать музыку. Вдруг девочка широко открыла глаза. Она что-то узнавала, вспомнила.

– А где же клетка? – вдруг спросила она. – Вот тут была клетка, а тут был маленький стол.

На нём мои куклы...

патефон *устар.* 留声机

5. Настоящая мама

— Подожди, — сказала Аграфена Ивановна, — сейчас я их найду. И она дала Вале куклу.

— Это не та, не моя, — заплакала девочка. Она вдруг вспомнила всё.

— Мама! Это не ты! — закричала Валя.

Заплакала и Аграфена Ивановна.

А девочка обнимала её и повторяла:

обнимать; обнять, обниму, обнимешь; обнял, -яла́, -яло. кого-что. 抱，拥抱

— Мамочка, милая, не плачь. Я всё вспомнила, но я тебя очень люблю. Ты теперь моя настоящая мама!

И две женщины, большая и маленькая, обняли друг друга.

 Запомните!

во время войны 战争期间，战争时期

погибнуть на фронте 在前线牺牲

детский дом 孤儿院，保育院

работать кем 担任，充当

поставить что на стол 把……放到桌上

обнять друг друга 互相拥抱

 Пословица

Нет худа без добра. 因祸得福。

 Задания

I. Выберите ответ, соответствующий содержанию прочитанного текста.

1. Почему дети жили в детском доме?

    А. В детдоме им было жить веселее, чем с родителями в семье.

    Б. Их родители умерли или погибли на фронте.

    В. Родители отдали своих детей на воспитание в детдом.

    Г. В детдоме они получали больше внимания, чем в семье.

2. Почему Аграфена очень хотела взять к себе девочку Валю?

    А. Аграфена очень понравилась Вале.

    Б. Валя не хотела возвращаться в свою семью.

    В. Аграфена была одинокой женщиной, а Валя очень понравилась Аграфене.

    Г. Валя считала мамой Аграфену Ивановну.

3. Что произошло с родителями Вали?

А. Её мать погибла, а отец пропал без вести.

Б. Её мать умерла от болезни, а отец погиб на войне.

В. Они погибли во время войны.

Г. Они умерли от голода и холода во время войны.

4. Что неожиданно вспомнила Валя?

А. Она вспомнила свои старые куклы.

Б. Она вспомнила свой прежний дом.

В. Она вспомнила клетку и маленький стол.

Г. Она вспомнила всё.

5. Что сказала Валя Аграфене?

А. Что она хочет вернуться в свой старый дом.

Б. Что она хочет вернуться в детский дом.

В. Что она будет ждать, пока родители приедут за ней.

Г. Что Аграфена её настоящая мама.

II. Переведите следующие предложения на китайский язык.

1. В маленьком городке был детский дом, в котором жили дети из Ленинграда.

2. Аграфена Ивановна часто думала об этой девочке как о дочке.

3. Вале очень понравилась квартира, в которой жила её новая мама.

III. Ответьте на вопросы по-русски.

1. Что вы думаете о дальнейших отношениях между Аграфеной Ивановной и удочерённой сиротой?

2. Они смогут дружно жить вместе, как настоящая мама и дочь?

Анекдот

Мама – сыну:

– Мы хотим купить дачу, поэтому папа решил бросить пить, я – бросить курить, а ты что сделаешь?

– А я могу бросить школу!

6

Портре́ты уча́стников войны́

Весь день я ходи́л по кварти́рам на́шего до́ма и собира́л портре́ты уча́стников войны́. В после́днюю кварти́ру я пришёл о́коло девяти́ часо́в ве́чера. Ста́рая же́нщина откры́ла дверь и пригласи́ла меня́ войти́.

В ко́мнате на стене́ я уви́дел два портре́та – ю́ноши и де́вушки. Де́вушка была́ похо́жа на же́нщину. Она́ заме́тила, что я посмотре́л снача́ла на портре́т, пото́м на неё, и спроси́ла:

– Похо́жа? Э́то моя́ дочь Светла́на. Она́ поги́бла в нача́ле войны́. Ей бы́ло 20 лет. Её жизнь начала́сь счастли́во. С семи́ лет Светла́на ста́ла учи́ться му́зыке. По́сле шко́лы она́ поступи́ла в консервато́рию. У неё был друг, молодо́й скульптор Ди́ма, – она́ показа́ла на друго́й портре́т. – Они́ люби́ли друг дру́га и встреча́лись ка́ждый день.

Же́нщина немно́го помолча́ла и продо́лжила:

– В нача́ле ию́ня со́рок пе́рвого го́да по́сле экза́менов Светла́на уе́хала на грани́цу. Тогда́ я не зна́ла, что бо́льше никогда́ не уви́жу мою́ де́вочку. До сих пор я по́мню день нача́ла войны́. Два́дцать второ́го ию́ня в 9 часо́в я пришла́ в шко́лу, где рабо́тала учи́тельницей ру́сского языка́. Там я узна́ла, что

> ску́льптор 雕塑家，雕刻家
> созна́ние 知觉，意识，感觉，神志
> слепо́й; слеп, слепа́, сле́пы
> 盲的，瞎的，失明的

начала́сь война́. Я потеря́ла созна́ние, потому́ что поняла́: на грани́це, где была́ моя́ Светла́на, умира́ли лю́ди. Че́рез не́сколько дней по́сле нача́ла войны́ ко мне пришёл Ди́ма. Он пришёл, что́бы прости́ться. На второ́й день он до́лжен был е́хать на фронт. О Светла́не мы не говори́ли. Не могли́ говори́ть. Ди́ма ушёл, и я оста́лась одна́.

Я до́лго смотре́л на портре́т де́вушки и ду́мал, что её жизнь должна́ была́ быть друго́й.

– А Ди́ма? Что случи́лось с ним? – спроси́л я же́нщину.

– Ди́ма? Он верну́лся в день Побе́ды.

Женщина встала и открыла дверь в соседнюю комнату. Я подошёл к двери и остановился. Около стола сидел человек. Он был слеп.

скульптура 塑像，雕像

На столе стояла почти готовая скульптура девушки. Это была Светлана! Она счастливо улыбалась, как и на портрете.

Женщина тихо сказала:

— Дима назвал эту скульптуру «Счастье».

Запомните!

уехать на границу 去边防线，去边界　　потерять зрение 失明

потерять сознание 昏厥，晕倒，失去知觉

Пословицы

Беда не приходит одна; Беда беду родит. 祸不单行。

Задания

I. Выберите ответ, соответствующий содержанию прочитанного текста.

1. Кого потеряла на войне старая женщина?

   А. Мужа.　　　　　　　　　　Б. Дочь.

   В. Сына.　　　　　　　　　　Г. Всех родственников.

2. Где училась Светлана перед началом войны?

   А. В средней школе.　　　　　Б. В музыкальной школе.

   В. В консерватории.　　　　　Г. В педагогическом институте.

3. Куда поехала Светлана в начале июня 1941 года?

   А. За границу.　　　　　　　Б. На фронт.

   В. На границу.　　　　　　　Г. В Севастополь.

4. Что делал в это время друг Светланы Дима?

   А. Он продолжал работать в скульптурной мастерской.

   Б. Он перешёл работать на оборонный завод.

   В. Он уехал лечиться на Кавказ.

   Г. Дима уехал на фронт.

6. Портре́ты уча́стников войны́

5. Что случи́лось с Ди́мой?

    А. Он поги́б на фро́нте.   Б. Ди́ма верну́лся с войны́ невреди́мым.

    В. Он потеря́л на фро́нте зре́ние.   Г. Он потеря́л на фро́нте ру́ки.

II. Поста́вьте подчеркну́тые ли́нией слова́ в ну́жной фо́рме, употребля́я, где ну́жно предло́ги. Укажи́те ударе́ние.

1. С ___семь___ лет Светла́на ста́ла учи́ться ___му́зыка___ .

2. Же́нщина вста́ла и откры́ла дверь ___сосе́дняя___ ___ко́мната___ .

3. Я до́лго смотре́л ___портре́т___ де́вушки и ду́мал, что её жизнь должна́ была́ быть _____друга́я_____ .

III. Переведи́те сле́дующие предложе́ния на кита́йский язы́к.

1. Весь день я ходи́л по кварти́рам на́шего до́ма и собира́л портре́ты геро́ев войны́.

2. Тогда́ я не зна́ла, что бо́льше никогда́ не уви́жу мою́ де́вочку.

3. Два́дцать второ́го ию́ня в 9 часо́в я пришла́ в шко́лу, где рабо́тала учи́тельницей ру́сского языка́.

IV. Расскажи́те по-ру́сски о своём впечатле́нии от э́того расска́за.

Анекдо́т

— Граждани́н, не ды́шите на меня́, от вас перега́ром несёт.

— Э́то не от меня́, а от во́дки.

перега́р (喝酒人嘴里的)酒气

7

Как Алёша ушёл из школы

Исполнилось Алёше семь лет. Пошёл он в школу, чтобы научиться читать и писать.

Учебный год ещё не кончился, зима только-только началась, а Алёша уже и читать, и писать, и считать умеет.

И вдруг Алёша почувствовал, что ему надоело учиться. Читать он умеет, писать – тоже, да и считать. Что же ещё? Алёша поднялся с парты, портфель взял и пошёл к двери.

– Ты куда? – спросила учительница.

– Домой! – ответил Алёша. – До свидания! – И ушёл домой.

Пришёл и говорит маме:

– Я больше в школу не пойду!

– Что же ты будешь делать?

– Как что? Ну... работать буду.

– Кем же?

– Как кем? Ну, как ты, например... – А мама у Алёши врачом работала.

– Ладно, – согласилась мама. – Вот тогда тебе небольшое поручение. Выпиши лекарство больному, у которого грипп.

> надоесть, -ем, -ешь, -ест, -едим, -едите, -едят; -ело. *св.* кому-чему. 令人厌烦, 使腻烦, 使讨厌
>
> выписывать; выписать, -ишу, -ишешь. что. 开 (证明、发票、证件等)
>
> латинский 拉丁的

И мама дала Алёше маленький листок бумаги, на котором рецепты пишут.

– А как его писать? Какое лекарство нужно? – спросил Алёша.

– Писать латинскими буквами, – объяснила мама. – А какое лекарство, ты сам должен

7. Как Алёша ушёл из школы

знать. Ты же врач!

Алёша посиде́л над листко́м бума́ги, поду́мал и сказа́л:

— Мне э́та рабо́та не о́чень нра́вится. Я лу́чше, как па́па, рабо́тать бу́ду.

— Что ж, дава́й, как па́па! — согласи́лась ма́ма.

Верну́лся домо́й оте́ц, Алёша к нему́.

— Я бо́льше в шко́лу не пойду́, — говори́т.

— А что ж ты бу́дешь де́лать? — спроси́л оте́ц.

— Рабо́тать бу́ду.

— Кем же?

— Как ты, — сказа́л Алёша.

А оте́ц у Алёши ма́стером рабо́тает на том са́мом заво́де, где маши́ны де́лают.

> что ж (же) 好吧，行吧
> достава́ть, -таю́, -таёшь; доста́ть, -а́ну, -а́нешь. что. 取出，掏出
> чертёж 图，图纸
> стре́лка 箭头

— О́чень хорошо́, — согласи́лся оте́ц. — Дава́й рабо́тать вме́сте. Начнём с са́мого лёгкого.

Доста́л он большо́й лист бума́ги и сказа́л:

— Вот пе́ред тобо́й чертёж но́вой маши́ны. В нём есть оши́бки. Посмотри́ и мне скажи́!

Алёша посмотре́л на чертёж, а э́то не маши́на, а что́-то совсе́м непоня́тное: ли́нии, стре́лки, ци́фры.

— Я э́то не уме́ю! — призна́лся Алёша.

— Тогда́ я сам порабо́таю, — сказа́л оте́ц, — а ты отдохни́.

Оте́ц стал рабо́тать над чертежо́м.

Алёша поду́мал, поду́мал и говори́т:

— Мо́жет быть, я за́втра опя́ть в шко́лу пойду́.

Запо́мните!

уче́бный год 学年	нача́ть с са́мого лёгкого 从最简单的开始。
вы́писать лека́рство кому́ 给某人开药	доста́ть большо́й лист бума́ги 取出一大张纸
ма́ленький листо́к бума́ги 一小张纸	рабо́тать над чертежо́м 绘图，画图

Посло́вица

Без шипо́в нет ро́зы. 苦尽甘来；梅花香自苦寒来。

Задáния

I. Вы́берите отвéт, соотвéтствующий содержáнию прочи́танного тéкста.

1. Почемý Алёша ушёл из шкóлы?

　　А. Он ужé умéет и читáть, и писáть, и считáть.

　　Б. Он хотéл погуля́ть.

　　В. Емý надоéло учи́ться.

　　Г. Он хóчет рабóтать.

2. Кем он хотéл рабóтать?

　　А. Врачóм и́ли мáстером.　　　　Б. Инженéром и́ли строи́телем.

　　В. Продавцóм и́ли пóваром.　　　Г. Учи́телем и́ли воспитáтелем.

3. Почемý Алёша реши́л снóва вернýться в шкóлу?

　　А. Потомý что емý нрáвилось учи́ться.

　　Б. Потомý что емý не нрáвилось рабóтать.

　　В. Потомý что нелегкó и рецéпты выпи́сывать, и маши́ны дéлать.

　　Г. Потомý что дóма бы́ло скýчно, а в шкóле остáлись друзья́.

II. Постáвьте подчеркнýтые ли́нией словá в нýжной фóрме, употребля́я, где нýжно предлóги. Укажи́те ударéние.

1. Испóлнилось _____Алёша_____ семь лет.

2. И вдруг Алёша почýвствовал, что _____он_____ надоéло учи́ться.

3. Отéц стал рабóтать _____чертёж_____.

III. Переведи́те слéдующие предложéния на китáйский язы́к.

1. Алёша подня́лся с пáрты, портфéль взял и пошёл к двéри.

2. Вот тогдá тебé небольшóе поручéние. Вы́пиши лекáрство больнóму, у котóрого грипп.

3. А отéц у Алёши мáстером рабóтает на том сáмом завóде, где маши́ны дéлают.

IV. Как вы дýмаете, почемý роди́тели Алёши согласи́лись с тем, что он бóльше не пойдёт в шкóлу?

7. Как Алёша ушёл из школы

Анекдо́т

— Па́па, ты ходи́л в шко́лу, когда́ был ма́ленький?

— Коне́чно, сыно́к. И никогда́ не пропуска́л уро́ков.

— Ви́дишь, ма́ма! И впра́вду нет никако́го смы́сла тра́тить вре́мя на шко́лу.

8

Лишний билет

Большой театр в Москве

Ахмед очень не любит переспрашивать. Когда он слышит незнакомое слово, он делает вид, что всё понял.

И вот однажды студент отдал ему свой билет на «Лебединое озеро», о котором он так много слышал. Ахмед был очень доволен. Он надел свой лучший костюм и поехал в центр.

Ахмед вышел из метро на Театральной площади (там недалеко друг от друга находятся Большой, Малый и Детский театры) и увидел, что около Большого театра стоит много людей. Какой-то человек спросил Ахмеда:

– У вас есть лишний билет?

Ахмед не знал, что значит слово «лишний», но сделал вид, что всё понял, и ответил этому человеку: «Конечно, есть».

Человек очень обрадовался и сказал: «Я его беру».

Ахмед немного удивился, но потом решил, что так надо, и отдал этому человеку свой билет.

– Большое вам спасибо, – сказал человек. – Я приехал в Москву на несколько дней и обязательно должен посмотреть в Большом театре «Лебединое озеро». Я давно об этом мечтал. Вот деньги, можете не считать, здесь всё правильно.

И теперь Ахмед остался без билета. Он посмотрел направо, потом налево. – Все люди на площади спрашивали друг друга: «У вас есть лишний билет?» И Ахмед тоже стал спрашивать: «У вас есть лишний билет?» Но все отвечали ему: «Нет, у меня нет» или «Извините,

переспрашивать; переспросить, -ошу, -осишь. кого-что или без дополн.
重问，再问
лебединый 天鹅的

8. Лишний билет

Интерьер Большого театра

сам ищу».

Было уже семь часов, и спектакль в Большом театре начался, когда одна девушка ответила ему:

– Да, у меня есть лишний билет.

И Ахмед, как тот человек, который купил у него билет, быстро сказал: «Я его беру».

Правда, у девушки был билет, но не в Большой театр, а в Детский театр, но Ахмед всё равно купил этот билет. Девушка объяснила ему, что её младший брат заболел и не смог пойти в театр.

Так Ахмед вместо балета «Лебединое озеро» посмотрел детский спектакль об одном маленьком мальчике, который попал в страну ошибок. Спектакль был очень весёлый, все дети в зале смеялись, и Ахмед тоже смеялся и делал вид, что всё понимает. Конечно, он почти ничего не понимал, но зато он очень хорошо знал теперь, что значит слово «лишний».

> спектакль, -я м. 戏剧
> вместо предлог. кого-чего.
> 代替，当作，不是……，而是……
> попадать, -аю, -аешь; попасть, -аду, -адёшь; попал, попала. куда.
> 来到，走到；进入，走进

Комментарий

«Лебединое озеро» (1877) — балет на музыку великого русского композитора Петра Ильича Чайковского (1840–1893).

Запомните!

делать вид 装样子
всё равно 不管怎样；反正，反正一样

остаться без кого-чего
失去……，已经没有……

Пословица

Учиться никогда не поздно. 只要学习，永远不晚。

Задáния

I. Вы́берите отве́т, соотве́тствующий содержа́нию прочи́танного те́кста.

1. Како́й спекта́кль о́чень хоте́л посмотре́ть Ахме́д?

    А. Выступле́ние Аллы Пугачёвой.

    Б. Выступле́ние симфони́ческого орке́стра.

    В. Бале́т «Лебеди́ное о́зеро».

    Г. Ру́сский наро́дный хор.

2. Почему́ Ахме́д о́тдал свой биле́т?

    А. Он переду́мал идти́ в теа́тр.

    Б. У него́ заболе́л живо́т и он реши́л верну́ться домо́й.

    В. Ему́ о́чень понра́вился челове́к, иска́вший биле́т.

    Г. Он не люби́л переспра́шивать незнако́мые слова́.

3. Что сде́лал Ахме́д, прода́в свой биле́т?

    А. Стал покупа́ть но́вый биле́т.

    Б. Запла́кал и пошёл домо́й.

    В. Взял де́ньги и пошёл в рестора́н.

    Г. Пошёл вме́сто теа́тра в кино́.

4. В како́й теа́тр купи́л он но́вый биле́т?

    А. В Большо́й теа́тр.

    Б. В Ма́лый теа́тр.

    В. В Де́тский теа́тр.

    Г. В теа́тр «Совреме́нник».

5. Како́й спекта́кль посмотре́л Ахме́д в де́тском теа́тре?

    А. Бале́т «Лебеди́ное о́зеро».

    Б. О́перу «Ива́н Суса́нин».

    В. Эстра́дный конце́рт.

    Г. Де́тский спекта́кль.

6. Почему́ Ахме́д смея́лся в де́тском теа́тре?

    А. Все де́ти в за́ле смея́лись.

    Б. Все други́е де́ти пла́кали.

    В. Он по́нял спекта́кль.

    Г. Ему́ не́чего бы́ло де́лать.

8. Ли́шний биле́т

II. Поста́вьте подчёркнутые ли́нией слова́ в ну́жной фо́рме, употребля́я, где ну́жно предло́ги. Укажи́те ударе́ние.

1. И вот одна́жды студе́нт о́тдал ___он___ свой биле́т ___«Лебеди́ное о́зеро»___, ___кото́рый___ он так мно́го слы́шал.

2. Я прие́хал в Москву́ ___не́сколько___ ___день___ и обяза́тельно до́лжен посмотре́ть ___Большо́й теа́тр___ «Лебеди́ное о́зеро».

III. Переведи́те сле́дующие предложе́ния на кита́йский язы́к.

1. И Ахме́д, как тот челове́к, кото́рый купи́л у него́ биле́т, бы́стро сказа́л: «Я его́ беру́».

2. Так Ахме́д вме́сто бале́та «Лебеди́ное о́зеро» посмотре́л де́тский спекта́кль об одно́м ма́леньком ма́льчике, кото́рый попа́л в страну́ оши́бок.

IV. Отве́тьте на вопро́сы по-ру́сски.

1. Расскажи́те, что случи́лось с Ахме́дом.
2. Почему́ так случи́лось? Како́й уро́к на́до извле́чь из э́той исто́рии?

Анекдо́т

Ма́ма – сы́ну:

– Когда́ ты собира́ешься де́лать уро́ки?

– По́сле кино́.

– По́сле кино́ – по́здно.

– **Учи́ться, ма́ма, никогда́ не по́здно!**

9

Фотопортрет

Фотография – это моя работа, моё хобби, вся моя жизнь. Когда мне было 10 лет, родители подарили мне на день рождения фотоаппарат «Зенит». С тех пор я начал увлекаться фотографией. Мне нравилось делать чёрно-белые и цветные фотоснимки. Я фотографировал природу, детей, животных, своих родных и знакомых. В 16 лет я уже был неплохим фотографом.

Каждое лето я отдыхал в деревне и там всё время ходил со своим фотоаппаратом. Однажды во время прогулки я увидел красивую девушку, которая собирала цветы. Она мне очень понравилась, и я сфотографировал её. Когда девушка это заметила, она строго спросила:

– Зачем вы это делаете? Вы даже не спросили, хочу ли я фотографироваться?

– Извините, – сказал я. – Я не хотел вас обидеть. Я фотохудожник и фотографирую всё красивое. Поэтому я и сфотографировал вас. Меня зовут Андрей. А как вас зовут?

– Меня зовут Маша, – ответила девушка. – Но зачем вам это? Сегодня вечером я уезжаю в Москву, и мы никогда больше не увидимся.

– Можно мне проводить вас?

– Пожалуйста.

Вечером Маша уехала в Москву, а ночью я напечатал фотографию. Это был очень удачный фотопортрет. Я часто смотрел на него и жалел, что я так

фотопортрет 人物照片，肖像照片
хобби *ср., неизм.* 业余爱好，癖好
фотоснимок, -мка 照片，相片
печатать; напечатать. что. 洗，印（相片）

9. Фотопортрет

мáло сказáл Мáше при встрéче.

Чéрез год я послáл в Москвý на кóнкурс фотолюби́телей пять свои́х фотогрáфий. Среди́ них был фотопортрéт Мáши. Я назвáл э́тот сни́мок «Полевы́е цветы́». Скóро из Москвы́ пришлó письмó, в котóром бы́ло напи́сано:

«Уважáемый Андрéй Николáевич! Вáши рабóты зáняли пéрвое мéсто на кóнкурсе фотолюби́телей. Вы приглашáетесь в Москвý на вéчер, котóрый состои́тся в Дóме журнали́ста. Вам бýдет вручéна дéнежная прéмия, и вы полýчите прáво организовáть сóбственную фотовы́ставку».

Я óчень горди́лся своéй рабóтой. Я рассказáл всем свои́м друзья́м и родны́м, что мои́ рабóты зáняли пéрвое мéсто на кóнкурсе. Осóбенно мне бы́ло прия́тно, когдá я приéхал в Москвý на вы́ставку и уви́дел, как лю́ди любовáлись мои́ми фотогрáфиями. На вы́ставке ко мне подошлá однá жéнщина и сказáла:

— Я фотокорреспондéнт. Меня́ зовýт Вéра Алексéевна Крылóва. Я хотéла бы спроси́ть вас, вы знáете, кто э́та дéвушка? Где вы познакóмились с ней?

Вéра Алексéевна показáла на портрéт Мáши.

— Я сдéлал э́тот сни́мок два гóда назáд в дерéвне. К сожалéнию, я не знáю, кто э́та дéвушка. Знáю тóлько, что её зовýт Мáша и что онá живёт в Москвé.

— У вас óчень хорóшие фотогрáфии, — сказáла Вéра Алексéевна. — Но вам нáдо ещё

> кóнкурс 比赛，竞赛
> вручáть; вручи́ть, -чý, чи́шь; -чённый (-ён, -енá). что комý-чемý. 亲手交给，递交；授予
> прéмия 奖金
> сóбственный 个人所有的，私人的
> любовáться, -бýюсь, -бýешься. кем-чем. 欣赏，观赏

мнóго учи́ться. Я хочý подари́ть вам интерéсную кни́гу о фотоискýсстве. Вот мой áдрес. Приходи́те, пожáлуйста, в гóсти сегóдня вéчером.

Запо́мните!

подари́ть кому́ что на день рожде́ния
　送给某人……作为生日的礼物
с тех пор 从那时起
собира́ть цветы́ 采花
напеча́тать фотогра́фию
　冲洗相片，洗照片

заня́ть пе́рвое ме́сто на ко́нкурсе
　在竞赛中夺得第一名
организова́ть со́бственную фотовы́ставку
　举办个人摄影展览
показа́ть на чей портре́т и́ли портре́т кого́
　指着某人的相片

Посло́вица

В уче́нии нет преде́лов. 学无止境。

Зада́ния

I. Вы́берите отве́т, соотве́тствующий содержа́нию прочи́танного те́кста.

1. Когда́ Андре́й Никола́евич стал увлека́ться фотогра́фией?

　　А. Когда́ учи́лся в 10 кла́ссе.　　Б. Когда́ учи́лся в институ́те.

　　В. Когда́ ему́ бы́ло 16 лет.　　Г. Когда́ ему́ бы́ло 10 лет.

2. Где отдыха́л Андре́й Никола́евич?

　　А. В гора́х.　　Б. В дереве́нском по́ле.

　　В. В дере́вне.　　Г. В Москве́.

3. Куда́ он напра́вил свои́ рабо́ты?

　　А. В Москву́, на ко́нкурс фотолюби́телей.

　　Б. В журна́л «Огонёк».

　　В. В газе́ту «Комсомо́льская пра́вда».

　　Г. В Дом журнали́ста.

4. Как Андре́й Никола́евич назва́л свой сни́мок?

　　А. «Краси́вая де́вушка».　　Б. «Полевы́е цветы́».

　　В. «Ле́то в дере́вне».　　Г. «В лесу́».

5. Что хоте́ла подари́ть Андре́ю Никола́евичу фотокорреспонде́нт Крыло́ва?

　　А. Альбо́м со свои́ми фотосни́мками.

　　Б. Интере́сную кни́гу о фотоиску́сстве.

　　В. Но́вый фотоаппара́т.

9. Фотопортрет

Г. Пригласи́тельный биле́т на фотовы́ставку.

II. Поста́вьте подчёркнутые ли́нией слова́ в ну́жной фо́рме, употребля́я, где ну́жно предло́ги. Укажи́те ударе́ние.

1. С тех пор я на́чал увлека́ться ___фотогра́фия___ .

2. Ка́ждое ле́то я отдыха́л ___дере́вня___ и там всё вре́мя ходи́л ___свой___ ___фотоаппара́т___ .

3. Ва́ши рабо́ты за́няли пе́рвое ме́сто ___ко́нкурс___ фотолюби́телей.

4. Я о́чень горди́лся ___своя́___ ___рабо́та___ .

5. Осо́бенно ___я___ бы́ло прия́тно, когда́ я прие́хал в Москву́ ___вы́ставка___ и уви́дел, как лю́ди любова́лись ___мой___ ___фотогра́фии___ .

III. Переведи́те сле́дующие предложе́ния на кита́йский язы́к.

1. Че́рез год я посла́л в Москву́ на ко́нкурс фотолюби́телей пять свои́х фотогра́фий.

2. Вы приглаша́етесь в Москву́ на ве́чер, кото́рый состои́тся в До́ме журнали́ста.

3. Вам бу́дет вручена́ де́нежная пре́мия, и вы полу́чите пра́во организова́ть со́бственную фотовы́ставку.

IV. Отве́тьте на вопро́сы по-ру́сски.

Скажи́те, почему́ Ве́ра Алексе́евна подари́ла расска́зчику кни́гу о фотоиску́сстве? Что вы об э́том ду́маете?

Анекдо́т

– Па́па, почему́ ты всегда́ стои́шь у окна́, когда́ я пою́?

– Потому́ что не хочу́, что́бы лю́ди ду́мали, бу́дто я тебя́ бью.

10

Мой первый букет

Я был в одной школе и читал там свои рассказы. Дети подарили мне огромный букет цветов. Это был мой первый букет. Он мне очень понравился, и я всё время смотрел на него. Букет был из роз и красных гвоздик.

Когда я шёл домой, я позвонил жене.

— Иди скорее в магазин и купи вазу. Дети подарили мне букет.

— Букет? — Она очень любила цветы и обрадовалась букету. — Сейчас пойду.

Я положил трубку и пошёл дальше. На голубом небе ярко светило солнце. Люди, с которыми я встречался, смотрели на мои цветы и улыбались мне. Это было весной, когда в Москве ещё не было цветов.

Одна женщина спросила:

— Где вы купили цветы?

Другая тоже спросила:

— Где вы взяли цветы?

Я отвечал:

— Это мне подарили, а я дарю вам.

И я подарил им несколько цветов.

В сквере, куда я пришёл, играли дети. Одна девочка сказала:

— Ой, какие цветы!

Я подарил ей несколько белых роз.

Она побежала показывать цветы маме. Потом я встретил отряд пионеров. Один мальчик сказал:

букет	花束
гвоздика	石竹花，康乃馨
ваза	花瓶
трубка	电话听筒，话筒
сквер	（城市）小公园
пионер	少先队员

10. Мой первый букет

– Ах, какой красивый букет!

Я подарил ему белую розу. Когда я давал розу мальчику, все дети протянули руки. Что я должен был делать? Я роздал цветы детям.

И вот переулок, где я живу.

Я поднялся на второй этаж. Жена открыла мне дверь.

> протягивать; протянуть, -яну, -янешь. что. 伸出
>
> раздавать, -даю, -даёшь, -дают; раздать, -дам, -дашь, -дадут; роздал, раздала, роздало. что или что кому. 分发，分送
>
> переулок 胡同，巷子
>
> вздыхать; вздохнуть, -ну -нешь 叹气

– Наконец-то! А я жду. Смотри, какую вазу я купила. – И она показала огромную вазу.

– А где же букет?

– Букет? – Я вздохнул и протянул ей одну красную гвоздику. Жена взяла её, поставила в вазу и засмеялась:

– Зачем ты сказал неправду, что тебе подарили букет?

И я рассказал жене всё. Она долго смеялась. Действительно, было смешно: в огромной вазе стояла одна маленькая гвоздика.

Запомните!

букет цветов 一束花

всё время 老是，经常

положить трубку 放下听筒，挂上电话（结束说话）

на голубом небе 在蔚蓝色的天空中

протянуть руку 伸出手

подняться на второй этаж 上二楼

сказать неправду 撒谎，说假话

Пословица

Интерес – самый хороший учитель. 兴趣是最好的老师。

Задания

I. Выберите ответ, соответствующий содержанию прочитанного текста.

1. Куда ездил автор?

    А. В несколько школ.

    Б. В одну школу.

В. В деревню.

Г. В университет.

2. Что делал там автор?

А. Купил букет цветов.

Б. Встречался со школьниками.

В. Читал свои рассказы.

Г. Звонил своей жене.

3. Кому подарил цветы автор по дороге домой?

А. Взрослым людям, девочке и мальчику.

Б. Людям, девочке, мальчику и пионерам.

В. Взрослым людям и детям.

Г. Двум женщинам, одной девочке и пионерам.

4. Почему люди смотрели на цветы и улыбались автору?

А. Потому что у автора были красивые цветы.

Б. Потому что автор улыбался людям.

В. Потому что в Москве люди всегда улыбались.

Г. Потому что это было весной, и в Москве ещё не было цветов.

5. Какую вазу купила жена?

А. Маленькую.

Б. Среднюю.

В. Большую.

Г. Она не купила вазы.

6. Донёс ли муж букет до дома?

А. Не донёс.

Б. Донёс.

В. Муж донёс букет гвоздик.

Г. Муж донёс одну гвоздику.

II. Поставьте подчеркнутые линией слова в нужной форме, употребляя, где нужно предлоги. Укажите ударение.

1. Он __я__ очень понравился, и я всё время смотрел ____он____ .

2. Люди, ____которые____ я встречался, смотрели ____мои____ ____цветы____ и улыбались __я__ .

10. Мой первый букет

3. Она побежала показывать цветы ___мама___ .

4. Жена взяла ___гвоздика___ , поставила ___она___ ___ваза___ и засмеялась.

III. Переведите следующие предложения на китайский язык.

1. Букет был из роз и красных гвоздик.

2. Это было весной, когда в Москве ещё не было цветов.

3. Где вы взяли цветы?

4. В сквере, куда я пришёл, играли дети.

5. Что я должен был делать?

IV. Ответьте на вопросы по-русски.

1. Расскажите, почему у автора осталась одна гвоздика перед возвращением домой.

2. Он обманул свою жену? Как жена отнеслась к этому?

Скороговорка

Шла Саша по шоссе,   萨沙走在公路上，
И сосала сушку.   嘴里嘬着小干面包圈。

11

Дом о́тдыха

В э́том году́ я мно́го рабо́тал и не мог отдохну́ть ле́том. Я реши́л отдохну́ть о́сенью. Но ко́нчил рабо́ту то́лько в ноябре́. В Москве́ бы́ло уже́ хо́лодно, шёл снег. Снача́ла я хоте́л провести́ о́тпуск на ю́ге, но пото́м поду́мал: «Что я бу́ду де́лать на ю́ге в ноябре́? Купа́ться нельзя́, потому́ что вода́ уже́ холо́дная».

И я реши́л отдохну́ть на се́вере, в Каре́лии. Я слы́шал, что там о́чень краси́вые места́, леса́, озёра. Я реши́л пое́хать туда́ лови́ть ры́бу. На рабо́те я купи́л путёвку в дом о́тдыха, кото́рый нахо́дится в Каре́лии. Коне́чно, Профко́м про́дал мне путёвку с большо́й ски́дкой.

Я взял тёплые ве́щи, у́дочку и пое́хал в дом о́тдыха. Когда́ я е́хал, я ду́мал: «Интере́сно, каки́е врачи́ в э́том до́ме о́тдыха? Разреша́т мне лови́ть ры́бу и́ли ска́жут, что мне нельзя́ лови́ть ры́бу, потому́ что у меня́ боли́т се́рдце?» Я реши́л уе́хать из до́ма о́тдыха, е́сли врач не разреши́т мне лови́ть ры́бу.

Когда́ я прие́хал в дом о́тдыха, там встре́тила меня́ медици́нская сестра́ и сказа́ла: «Сейча́с вам ну́жно поу́жинать. А за́втра пойдёте к врачу́».

У́тром я пошёл к врачу́.

— Кака́я у вас профе́ссия? — спроси́л он меня́.

— Я инжене́р-меха́ник.

— Как вы себя́ чу́вствуете? Что у вас боли́т?

о́тпуск 休假，假期，放假

лови́ть, ловлю́, ло́вишь. нсв.; пойма́ть, -а́ю, -а́ешь. св. кого́-что. 捕，捉; 捉拿，搜捕，抓住

путёвка 许可证，介绍信

профко́м 工会

ски́дка 减价，折扣，优惠

у́дочка 钓鱼竿

меха́ник 机械员，机械师

11. Дом отдыха

Я сказа́л, что чу́вствую себя́ хорошо́.

– Сейча́с посмо́трим, – сказа́л врач. – Се́рдце у вас не совсе́м хорошо́ рабо́тает. У вас боли́т се́рдце?

– Да, иногда́.

– Како́й ваш люби́мый о́тдых зимо́й?

– Я о́чень люблю́ лови́ть ры́бу.

– Это прекра́сно. Я сам рыба́к. А вы ви́дели, каки́е здесь места́, како́е краси́вое о́зеро здесь!

– А в э́том о́зере мо́жно лови́ть ры́бу?

– Коне́чно. Все на́ши больны́е ло́вят там ры́бу. Это прекра́сный о́тдых зимо́й. Е́сли вы не хоти́те, что́бы у вас боле́ло се́рдце, вам ну́жно лови́ть ры́бу ка́ждый день 3 – 4 часа́.

– С удово́льствием, – сказа́л я.

Пото́м мы до́лго разгова́ривали о том, каку́ю ры́бу здесь ло́вят, как и где лу́чше лови́ть ры́бу. Врач рассказа́л мне, куда́ он хо́дит лови́ть ры́бу, а пото́м спроси́л меня́:

– У вас есть у́дочка?

– Коне́чно, – отве́тил я.

Мне о́чень понра́вился врач, кото́рый то́же люби́л лови́ть ры́бу. Тепе́рь ка́ждое у́тро я за́втракал и

рыба́к 打渔人，渔民，捕鱼爱好者
ло́вля *сущ.* 捕，捉，逮
сво́дка 汇报，通报，汇总

шёл на о́зеро. Я нашёл прекра́сные места́. Ка́ждый день 3–4 часа́ я проводи́л на о́зере.

Это был замеча́тельный дом о́тдыха, здесь говори́ли и ду́мали то́лько о ры́бной ло́вле. Лю́ди, кото́рые не уме́ли лови́ть ры́бу, с удово́льствием помога́ли нам, рыбака́м. Они́ то́же проводи́ли весь день на о́зере, потому́ что хоте́ли посмотре́ть, как ло́вят ры́бу.

Я с удово́льствием отдыха́л там. В понеде́льник и четве́рг меня́ осма́тривал врач, слу́шал моё се́рдце, спра́шивал, ско́лько рыб я пойма́л. Мы все о́чень люби́ли на́шего врача́. Когда́ но́вые больны́е спра́шивали, како́й здесь врач, мы отвеча́ли: «О́чень хоро́ший, внима́тельный врач. В про́шлом году́ ле́том он пойма́л 261 ры́бу».

Ка́ждое у́тро мы слы́шали по ра́дио: «До́брое у́тро, това́рищи! Передаём сво́дку пого́ды: температу́ра во́здуха – 6 гра́дусов моро́за, температу́ра воды́ – ноль гра́дусов, ве́тер – восто́чный».

Мы за́втракали и шли на о́зеро.

Вре́мя шло бы́стро. Мой о́тпуск ко́нчился, я да́же поду́мал, что он ко́нчился сли́шком ско́ро. Когда́ я уезжа́л из до́ма о́тдыха, я реши́л, что в сле́дующем году́ обяза́тельно пое́ду отдыха́ть туда́ же.

Комментáрии

Карéлия 卡累利阿 — Респýблика РФ, нахóдится на сéвере от Санкт-Петербýрга.

 Запóмните!

дом óтдыха 疗养所
путёвка в дом óтдыха 疗养证
путёвка с большóй скѝдкой
　很优惠的疗养证
тёплые вéщи 冬装，防寒衣
медицѝнская сестрá 护士
ловѝть рыбу в óзере 在湖里钓鱼

идтѝ на óзеро 去湖边
проводѝть весь день на óзере
　在湖上度过一整天的时间
слышать по рáдио 听到广播讲，听见广播说
передáть свóдку погóды 播报天气预报
температýра вóздуха 气温

 Послóвица

Кто умéет отдыхáть, тот умéет и рабóтать. 谁会休息，谁就会工作。

   Задáния

I. Выберите отвéт, соотвéтствующий содержáнию прочѝтанного тéкста.

1. Почемý áвтор решѝл отдохнýть на сéвере?

　А. Он не любит отдыхáть на юге.

　Б. Емý посовéтовали друзья.

　В. Он слышал, что там красѝвые местá, лесá и озёра.

　Г. Емý посовéтовал врач.

2. О чём дýмал áвтор, когдá éхал в дом óтдыха?

　А. Что он уéдет из дóма óтдыха, éсли врач не разрешѝт емý ловѝть рыбу.

　Б. Какѝе врачѝ в э́том дóме óтдыха.

　В. Что у негó больнóе сéрдце и он дóлжен лечѝться в дóме óтдыха.

　Г. Что он напрáсно éхал отдыхáть на сéвер в ноябрé.

3. Какóй совéт дал áвтору врач?

　А. Что áвтор дóлжен лежáть, потомý что у негó не совсéм хорошó рабóтает сéрдце.

　Б. Врач предложѝл емý кáждый день гулять на вóздухе.

11. Дом отдыха

В. Что ему нужно каждый день ловить рыбу и проводить 3–4 часа у озера.

Г. Каждый день принимать таблетки и делать уколы.

4. Почему автор решил поехать отдыхать в этот же дом отдыха и в следующем году?

А. Потому что здесь можно купаться.

Б. Потому что здесь внимательные врачи и медицинские сёстры.

В. Потому что здесь хороший врач, который любит ловить рыбу и разрешает ловить отдыхающим.

Г. Потому что здесь, в озёрах, можно поймать много рыбы.

II. Переведите следующие предложения на китайский язык.

1. Конечно, профком продал мне путёвку с большой скидкой.

2. Люди, которые не умели ловить рыбу, с удовольствием помогали нам, рыбакам.

3. Когда я уезжал из дома отдыха, я решил, что в следующем году обязательно поеду отдыхать туда же.

IV. Ответьте на вопросы по-русски.

1. Как рассказчик проводил отпуск в Карелии?

2. Вы были в доме отдыха в Китае?

3. Знаете ли вы, кто в Китае обычно получает путёвку в дом отдыха?

Анекдот

— Рабинович, не знаете, где в этом году можно недорого отдохнуть?

— Знаю. — На диване.

> Рабинович – имя еврея. В общем Евреи жадные.

12

Как проехать по городу

Недавно мои русские друзья получили квартиру в районе новостроек и пригласили меня в гости. Я сразу согласился. Егор стал объяснять мне, как к ним доехать.

– Значит так, прямого сообщения нет, ты поедешь с пересадкой. Тебе придётся ехать на разных видах транспорта. Сначала сядешь на автобус № 102 и проедешь 4 остановки до Гражданского проспекта. Остановка называется «Станция метро Академическая». Слева от тебя будет метро. Войдёшь в вестибюль, купишь жетон, опустишь его в автомат и поедешь до конечной станции «Проспект Ветеранов».

– Здорово! Сколько ехать-то? – спрашиваю.

– Минут 40, не больше. Но это ещё не всё. Выйдешь из метро, перейдёшь улицу, будь осторожней, там очень оживлённое движение, пойдёшь мимо магазинов до автобусной остановки.

До моего дома ты можешь доехать на тридцать втором и тридцать седьмом троллейбусе. Остановка находится в двух

новостройка	新建筑, 新房舍
сообщение	交通
пересадка	换车, 改乘
транспорт	运输工具；运输
вестибюль м.	前厅, 入口处, 大厅
жетон	地铁币
опускать; опустить, -ущу́, -у́стишь. что во что.	放, 投
автомат	自动机
ветеран	老战士
здорово нареч.	好! 好极了!
оживлённый	活跃的，热闹的

12. Как проехать по городу

шагáх от нáшего дóма. Там я тебя́ встрéчу.

– Спаси́бо.

Почемý-то мне станóвится грýстно.

– А как я ещё могý к вам добрáться?

стоя́нка 停车场

– Тóлько на такси́. Мóжешь заказáть маши́ну по телефóну, а мóжешь поймáть такси́ пря́мо на ýлице. Ты знáешь, где нахóдится ближáйшая стоя́нка такси́ в твоём райóне?

– Да. Это óчень бли́зко, рукóй подáть!

– Ну и отли́чно. Ждём тебя́ к трём! – закóнчил наш разговóр Егóр.

Запóмните!

в райóне новострóек 在新居区
прямóе сообщéние 直达车, 直达交通
éхать на рáзных ви́дах трáнспорта
　乘坐各种交通车辆
опусти́ть жетóн в автомáт 往自动机投地铁币
конéчная стáнция (地铁、火车)终点站
оживлённое движéние 车辆来往频繁；
　来往的车辆很多

доéхать до дóма на чём 乘坐……到家
находи́ться в двух шагáх от когó-чегó
　座落在距离……有两步远的地方
заказáть маши́ну по телефóну 打电话订小车
поймáть такси́ пря́мо на ýлице
　直接在街上打的
рукóй подáть *разг.* 很近，就在跟前

 ### Послóвицы

Все дорóги ведýт в рим. 条条道路通罗马。
Язы́к до Ки́ева доведёт. 有嘴就能问到路；有嘴走遍天下。

 ### Задáния

I. Вы́берите отвéт, соотвéтствующий содержáнию прочи́танного тéкста.

1. Где получи́ли кварти́ру друзья́ áвтора?
   А. Недалекó от цéнтра.　　　Б. В райóне новострóек.
   В. В при́городе Москвы́.　　Г. У стáнции метрó «Академи́ческая».
2. Каки́ми ви́дами трáнспорта нáдо воспóльзоваться áвтору?
   А. Тóлько метрó.　　　Б. Троллéйбусом, трамвáем и метрó.

В. Автóбусом и метрó.   Г. Автóбусом, метрó и троллéйбусом.

3. Скóлько пересáдок нýжно сдéлать áвтору?

А. Однý.   Б. Ни однóй.

В. Три.   Г. Две.

4. Какóе решéние прúнял áвтор?

А. Éхать на рáзных вúдах трáнспорта с пересáдкой.

Б. Решúл не éхать в гóсти.

В. Решúл взять таксú.

Г. Решúл идтú пешкóм.

II. Переведúте слéдующие предложéния на китáйский язы́к.

1. Но э́то ещё не всё.

2. Вы́йдешь из метрó, перейдёшь ýлицу, бýдь осторóжней, там óчень оживлённое движéние, пойдёшь мúмо магазúнов до автóбусной останóвки.

3. Почемý-то мне станóвится грýстно.

III. Отвéтьте на вопрóсы по-рýсски.

1. Какúе вúды трáнспорта вы бóльше всегó любите? На чём вы обы́чно éздите?

2. Вы чáсто дéлаете пересáдку?

3. В вáшем гóроде удóбный трáнспорт?

Анекдóт

Учúтельница – Вóвочке:

– Вóвочка, почемý у тебя́ в диктáнте такúе же ошúбки, как у твоéй сосéдки по пáрте Сúдоровой?

– Так у нас ведь однá учúтельница, Мáрья Ивáновна!

13

Встре́ча

У́тро. Все спеша́т на рабо́ту. Я то́же выхожу́ из до́ма. По у́лице е́дут авто́бусы, тролле́йбусы, маши́ны – и всю́ду лю́ди.

Я иду́ к остано́вке авто́буса. Здесь, как всегда́, о́чередь. А у меня́ ма́ло вре́мени. Мо́жет быть, взять такси́? Но тут подхо́дит мой авто́бус, и я сажу́сь в него́.

В авто́бусе те́сно, но мно́гие пассажи́ры чита́ют. В рука́х у них кни́ги, газе́ты, журна́лы. Я открыва́ю портфе́ль, хочу́ доста́ть кни́гу. Но кни́ги нет в портфе́ле. Я забы́л её до́ма. Что же я тепе́рь бу́ду де́лать?

Начина́ю смотре́ть вокру́г. Ря́дом со мной стои́т де́вушка. Очень краси́вая де́вушка – све́тлые во́лосы, голубы́е глаза́. Я внима́тельно смотрю́ на неё, но она́ на меня́ не смо́трит: она́ чита́ет.

«Интере́сно, что она́ чита́ет? Расска́з и́ли стихи́?» – ду́маю я. – И кто она́? Учи́тельница? Студе́нтка?

Ско́ро моя́ остано́вка. «Прости́те, де́вушка, вы выхо́дите?» – спра́шиваю я. «Да, выхожу́,» – отвеча́ет она́, но не поднима́ет головы́.

Авто́бус остана́вливается. Де́вушка закрыва́ет кни́гу и кладёт её в су́мку. Из кни́ги па́дает письмо́. Я

> спеши́ть, -шу́, -ши́шь; поспеши́ть. куда́.
> 急忙, 赶着去
> поднима́ть; подня́ть, -ниму́, -ни́мешь. кого́-что. 拣起, 拾起
> класть, кладу́, кладёшь; клал, кла́ла; клади́; положи́ть, -ожу́, -о́жишь. кого́-что. 放入, 放进; 平放, 放置
> па́дать; пасть, паду́, падёшь; пал, -ла
> 落下, 掉下

поднима́ю письмо́, бы́стро выхожу́ из авто́буса и бегу́ за де́вушкой. «Подожди́те, – кричу́ я, – подожди́те мину́точку!» Я о́чень бою́сь, что она́ уйдёт. Но де́вушка остана́вливается –

она ждёт меня.

— Простите, это ваше письмо?

— Да, моё. Большое спасибо, — говорит девушка и улыбается. — Извините, мне надо идти. Я опаздываю на занятия.

— Вы идёте в университет?

— Да, я там учусь.

— Значит, нам по пути. Я журналист. У меня сегодня задание – поехать в МГУ и встретиться со студентами. Давайте познакомимся. Владимир Иванов. Можно называть меня просто Володя.

— Очень приятно. А меня зовут Лена.

И вот мы с Леной вместе идём по дороге в университет. Мы будем идти ещё десять минут. Теперь у меня есть время. Я могу с ней поговорить, узнать номер телефона. Это замечательно!

 Запомните!

спешить на работу 赶着去上班 класть что в сумку 把……放进口袋
выходить из дома 从家里出来 кому (с кем) по пути 某人（与某人）同路
взять такси 打的

 Пословица

Повторять да учить – ум точить. 温故又学习，练脑又长智。

 Задания

I. Выберите ответ, соответствующий содержанию прочитанного текста.

1. На каком транспорте Владимир Иванов едет на работу?

    А. На такси.　　　　　　　　Б. На троллейбусе.

    В. На личной машине.　　　　Г. На автобусе.

2. Что делают многие пассажиры в транспорте?

    А. Разговаривают.　　　　　　Б. Смотрят по сторонам.

    В. Читают.　　　　　　　　　Г. Молчат.

3. Кто стоит рядом с Владимиром?

    А. Учительница.　　　　　　　Б. Девочка.

13. Встреча

  В. Девушка.   Г. Подруга.

4. Почему Владимир бежит за девушкой?

  А. Она ему понравилась.   Б. Он хочет с ней познакомиться.
  В. Он хочет отдать ей книгу. Г. Он хочет отдать ей письмо.

5. Куда спешит девушка?

  А. На работу в МГУ.   Б. На занятия в университет.
  В. На занятия в институт.   Г. На тренировку.

6. Как зовут девушку?

  А. Лена.   Б. Леся.
  В. Оля.   Г. Валя.

7. Что хочет узнать у неё Володя?

  А. Где она живёт.   Б. Её номер телефона.
  В. Сколько ей лет.   Г. Когда она будет дома.

II. Поставьте подчеркнутые линией слова в нужной форме, употребляя, где нужно предлоги. Укажите ударение.

1. Рядом _____я_____ _____стоять_____ (*наст.*) девушка.

2. Девушка закрывает книгу и _____класть_____ её _____сумка_____ .

3. Я поднимаю письмо, быстро _____выходить_____ _____автобус_____ и _____бежать_____ _____девушка_____ .

III. Переведите следующие предложения на китайский язык.

1. Может быть, взять такси?

2. Извините, мне надо идти.

3. И вот мы с Лёной вместе идём по дороге в университет.

IV. Кратко перескажите своими словами, как журналист познакомился с Лёной.

Анекдот

Учитель:

— Ребята, скажите, какого числа слово "брюки": единственного или множественного?

Ученик:

— Сверху – единственного, а снизу – множественного.

14

Пе́рвое сентября́

В пе́рвый раз я пришла́ в шко́лу, когда́ мне бы́ло 5 лет. Вот как э́то бы́ло.

Всё ле́то па́па, ма́ма, ба́бушка говори́ли, что в сентябре́ мой брат Алёша пойдёт в пе́рвый класс. Ма́ма купи́ла Алёше краси́вую шко́льную фо́рму, па́па подари́л ему́ настоя́щий портфе́ль, а ба́бушка – но́вые цветны́е карандаши́. Мне не разреша́ли тро́гать э́ти но́вые ве́щи.

И вот наконе́ц ма́ма сказа́ла, что за́втра мы все пойдём провожа́ть Алёшу в шко́лу. И мы пошли́. Алёша был о́чень краси́вый в но́вой шко́льной фо́рме и в бе́лой руба́шке. Он нёс портфе́ль и цветы́. Это ма́ма купи́ла ему́ цветы́. Я спроси́ла:

– Ма́ма, заче́м цветы́?

– Мы идём на пра́здник, – отве́тила ма́ма.

И пра́вда, о́коло шко́лы был настоя́щий пра́здник. Там бы́ло краси́во и ве́село, как 1-ого Ма́я. Там бы́ло мно́го ма́льчиков и де́вочек. Они́ смея́лись и шуме́ли, и все бы́ли о́чень наря́дные – де́вочки с бе́лыми ба́нтами в волоса́х, а ма́льчики в бе́лых руба́шках. И у всех бы́ли цветы́. Я ещё никогда́ не ви́дела так мно́го цвето́в. Взро́слые стоя́ли в стороне́, смотре́ли на них и улыба́лись, а одна́ ба́бушка почему́-то пла́кала.

Пото́м вдруг ста́ло ти́хо, и взро́слые на́чали поздравля́ть ребя́т. Все хло́пали в ладо́ши, и я

портфе́ль *м.* 书包，公文包
тро́гать; тро́нуть, тро́ну, тро́нешь. кого́-что. 摸，碰，触动
руба́шка 衬衣
наря́дный 穿得漂亮的，服装漂亮的
бант 蝴蝶结，花结
хло́пать; хло́пнуть, -ну, -нешь. *однокр.* 拍手，鼓掌

14. Пе́рвое сентября́

то́же хло́пала. А пото́м на пло́щадь вы́шла ма́ленькая де́вочка с колоко́льчиком и зазвони́ла. Ма́ма сказа́ла мне, что э́то пе́рвый шко́льный звоно́к.

Заигра́ла му́зыка. Больши́е де́ти взя́ли ма́леньких за́ руки, и все пошли́ в шко́лу. А мы пошли́ домо́й, и я сказа́ла:

— За́втра я опя́ть пойду́ в шко́лу провожа́ть Алёшу.

— Нет, — сказа́ла ма́ма, — за́втра Алёша пойдёт в шко́лу оди́н.

На друго́й день па́па и ма́ма пошли́ на рабо́ту, ба́бушка — в магази́н, а Алёша — в шко́лу. Я немно́го посиде́ла одна́, пото́м взяла́ из ва́зы цветы́ и то́же пошла́ в шко́лу.

Но почему́-то о́коло шко́лы бы́ло ти́хо, там никого́ не́ было. «Мо́жет быть пра́здник в шко́ле?» — поду́мала я, откры́ла дверь и вошла́. Но в шко́ле то́же бы́ло ти́хо. Мне ста́ло интере́сно, где все де́ти и где Алёша. Я подняла́сь на второ́й эта́ж. Но и там никого́ не́ было. Я откры́ла каку́ю-то дверь.

В большо́й ко́мнате сиде́ли ма́льчики и де́вочки, а молода́я и о́чень краси́вая же́нщина рисова́ла на чёрной доске́. Она́ уви́дела меня́ и спроси́ла:

— Что ты хо́чешь, де́вочка?

— А где пра́здник? — спроси́ла я.

— Како́й пра́здник? — не поняла́ же́нщина.

— Вчера́ здесь был пра́здник. Я ви́дела, я была́ здесь с па́пой, ма́мой, ба́бушкой и Алёшей.

Ребя́та засмея́лись, а же́нщина отве́тила:

— Коне́чно, ведь вчера́ бы́ло 1-ое сентября́, а сего́дня са́мый обы́чный день.

— А когда́ опя́ть бу́дет пра́здник? — спроси́ла я.

— А ско́лько тебе́ лет, де́вочка?

— Мне уже́ ско́ро шесть, — отве́тила я.

— Ну, ты уже́ больша́я. Че́рез год, 1-ого сентября́, ты обяза́тельно придёшь в шко́лу и сно́ва уви́дишь пра́здник. И э́то бу́дет твой пра́здник.

> **колоко́льчик** 铃，铃当
> **зазвони́ть, -ню́, -ни́шь. св.**
> 开始摇铃（鸣钟），响起铃（钟）来

Запо́мните!

пойти́ в пе́рвый класс 上一年级　　хло́пать в ладо́ши 拍手，鼓掌

шко́льная фо́рма 校服　　взять кого́ за́ руки 拉着某人的手

цветно́й каранда́ш 彩色铅笔　　на друго́й (второ́й, сле́дующий) день 第二天

стоя́ть в стороне́ 站在一旁　　рисова́ть на чёрной доске́ 在黑板上画画

Посло́вица

Кто хо́чет, тот добьётся. 有志者事竟成。

Зада́ния

I. Вы́берите отве́т, соотве́тствующий содержа́нию прочи́танного те́кста.

1. Для кого́ 1-ое сентября́ явля́ется пра́здником?

　　А. Для де́душек и ба́бушек.　　Б. Для пап и мам.

　　В. Для первокла́ссников.　　Г. Для учителе́й.

2. Что прино́сят де́ти в шко́лу 1-ого сентября́?

　　А. Конфе́ты.　　Б. Портфе́ли.

　　В. Карандаши́.　　Г. Цветы́.

3. С кем де́вочка в пе́рвый раз пришла́ в шко́лу?

　　А. С ба́бушкой.　　Б. С подру́жкой.

　　В. С бра́том.　　Г. С па́пой, ма́мой, ба́бушкой и Алёшей.

4. Почему́ де́вочка пришла́ в шко́лу на сле́дующий день?

　　А. Она́ забы́ла в шко́ле свой зо́нтик.

　　Б. Что́бы проводи́ть Алёшу.

　　В. Что́бы встре́тить Алёшу по́сле шко́лы.

　　Г. Она́ ду́мала, что в шко́ле сно́ва бу́дет пра́здник.

5. Когда́ в шко́ле сно́ва бу́дет пра́здник?

　　А. Че́рез неде́лю.　　Б. Че́рез 3 го́да.

　　В. Че́рез год.　　Г. Че́рез ме́сяц.

14. Первое сентября

II. Поста́вьте подчёркнутые ли́нией слова́ в ну́жной фо́рме, употребля́я, где ну́жно предло́ги. Укажи́те ударе́ние.

1. __Я__ не разреша́ли тро́гать э́ти но́вые ве́щи.

2. – За́втра я опя́ть __пойти́__ _____ __шко́ла__ провожа́ть __Алёша__.

3. А пото́м на _____ __пло́щадь__ вы́шла ма́ленькая де́вочка _____ __колоко́льчик__ _____ и зазвони́ла.

III. Переведи́те сле́дующие предложе́ния на кита́йский язы́к.

1. Алёша был о́чень краси́вый в но́вой шко́льной фо́рме и в бе́лой руба́шке. Он нёс портфе́ль и цветы́.

2. Все бы́ли о́чень наря́дные – де́вочки с бе́лыми ба́нтами в волоса́х, а ма́льчики в бе́лых руба́шках.

3. Но почему́-то о́коло шко́лы бы́ло ти́хо, там никого́ не́ было.

IV. Вспо́мните и расскажи́те, с каки́м настрое́нием вы пошли́ в пе́рвый класс.

Анекдо́т

– Прики́нь! Шёл по у́лице и како́й-то чува́к плечо́м меня́ заде́л. А гла́вное, не останови́лся, не извини́лся!

– Ну а ты чего́?

– Ну я останови́л, извини́л...

> прики́нуть *св., жарг.* 想像
>
> чува́к *жарг.* 男士
>
> заде́ть *св. кого́-что.* 碰着，触及

15

Нелюбимые подарки

Какой подарок вы больше всего хотите на Новый год? Такой необычный вопрос задала газета «Вечерний Петербург» своим читателям.

Вы знаете, что они ответили?

Вове Петрову 6 лет. Его спросили, что он хочет получить на Новый год. Он ответил: «Я скажу Деду Морозу, что мне не нужен новый костюм, не нужна ручка, не нужны карандаши и тетради. Я попрошу его принести мне футбольный мяч».

Вообще все дети сказали, что не хотят получить в подарок разные учебные вещи: карандаши, пеналы, портфели, скучные игры и школьную форму. Всему этому они предпочитают игрушки.

Мужчины единодушно считают, что самый неинтересный подарок — лосьоны и кремы для бритья. Кроме того, мужчины не любят получать в подарок носки. Все эти подарки, по их мнению, говорят о том, что женщины не очень думают, как в новогодний праздник сделать мужчине хороший подарок.

Труднее всего купить подарок женщинам. Они не любят получать в подарок дешёвые духи, билеты на неинтересные спектакли, немодную одежду, сковородки, кастрюли и другие предметы для кухни.

Дед Мороз 圣诞老人
пенал 文具盒
предпочитать; предпочесть, -чту, -чтёшь; -чёл, -чла. кого-что кому-чему 认为……比……好，与……相比更喜欢……
единодушно *нареч.* 共同地，一致地
лосьон 护肤液
крем 雪花膏，润肤脂
носки *мн.* 短袜（子）
духи *мн.* 香水，花露水
сковородка *разг.* 平底煎锅，小煎锅
кастрюля *ж.* (煮食物用的较深的)锅

15. Нелюбимые подарки

Запо́мните!

пода́рок на Но́вый год 新年的礼物

получи́ть в пода́рок ра́зные уче́бные ве́щи 收到别人送的各种学习用品

шко́льная фо́рма 校服

сде́лать кому́ како́й пода́рок 送给某人……礼物

предме́ты для ку́хни 厨房用具

Посло́вицы

На вкус и на цвет това́рища нет; О вку́сах не спо́рят. 各有所好；萝卜青菜各有所爱。
Не до́рог пода́рок, дорога́ любо́вь. 礼轻情谊重。

Зада́ния

I. Вы́берите отве́т, соотве́тствующий содержа́нию прочи́танного те́кста.

1. Что лю́бят получа́ть в пода́рок де́ти?

   А. Но́вую шко́льную оде́жду.

   Б. Карандаши́, ру́чки и тетра́ди.

   В. Краси́вые пена́лы и портфе́ли.

   Г. Интере́сные игру́шки.

2. Что ду́мают о пода́рках мужчи́ны?

   А. Лу́чший пода́рок для них – э́то носки́.

   Б. Они́ лю́бят, когда́ им да́рят цветы́.

   В. Им нра́вятся бри́твенные принадле́жности.

   Г. Они́ счита́ют, что же́нщины не мо́гут сде́лать хоро́ший пода́рок.

3. Что предпочита́ют получи́ть в пода́рок же́нщины?

   А. Буке́т краси́вых живы́х цвето́в.

   Б. Биле́ты на спорти́вные соревнова́ния.

   В. Сковоро́дки и кастрю́ли.

   Г. Предме́т для ку́хни.

II. Переведи́те сле́дующие предложе́ния на кита́йский язы́к.

1. Како́й пода́рок вы бо́льше всего́ хоти́те на Но́вый год?

2. Всему́ э́тому они́ предпочита́ют игру́шки.

3. Женщины не очень думают, как в новогодний праздник сделать мужчине хороший подарок.

III. Ответьте на вопросы по-русски.

1. Вы получали когда-нибудь нелюбимые подарки? Что вы с ними делали?
2. Какие подарки вы больше всего любите?

Скороговорка

На дворе трава,   院里长满草，
На траве дрова,   草上堆着柴，
Не бери дрова,   不要拿院里，
На траве двора. 草上堆的柴。

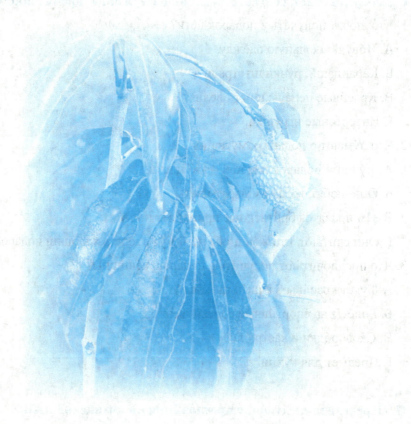

16

Солистка оперы

Когда Ирине было семь лет, она поступила в детскую музыкальную школу. Она начала учиться играть на рояле. Преподаватели говорили её родителям: «У девочки сильный, чистый голос. Возможно, она будет неплохо петь».

Но родителям нравились рисунки Ирины. И не только родителям, они нравились всем, кто их видел. Рисунки у Ирины были замечательные, особенно портреты. Люди на её портретах были как живые.

Когда она закончила десять классов, она решила поступить в архитектурный институт. На экзамене нужно было нарисовать портрет. На другой день все портреты висели на стене в зале. Высоко висели хорошие, совсем низко висели плохие работы. Портрет Ирины висел очень высоко. Ирине казалось, что человек на её портрете улыбается и говорит: «Молодец! Хорошая работа!». Она поспешила домой, чтобы сообщить маме о том, что её приняли в институт.

Петь она начала в институте. Преподаватель студенческого хора сказал ей, что у неё хороший голос, но нужно заниматься. И Ирина продолжала изучать архитектуру и заниматься пением.

Она кончила архитектурный институт и стала работать. Но она не могла решить вопрос, что ей больше нравится: архитектура или музыка? Она гордилась тем, что стала архитектором. Ведь архитектура – это музыка в камне. И потом все в семье были строители: и отец, и дед.

А может быть, главное – музыка? «Пошла бы я на вечернее отделение в

солистка 独唱者；独奏者；独舞者
хор 合唱团；合唱
архитектура 建筑学

консерваторию, если бы приняли» – думала Ирина.

И молодой архитектор Ирина Архипова поступила на вечернее отделение Московской консерватории.

Началась нелёгкая жизнь. Утром, в 7 часов 30 минут у Ирины начинались занятия в консерватории, а в 9 часов она была уже в архитектурной мастерской. А вечером снова в консерватории – репетиции, лекции.

Теперь уже серьёзно задавала она вопрос: «Где моё место в жизни? Что я буду делать: строить или петь?» И тогда мама рассказала ей о дедушке. Он жил в деревне, строил там дома, а в свободное время пел в хоре. Он очень любил музыку, русские народные песни. И вот, когда ему было уже 90 лет, он приехал в Москву, где жила дочь. Первый раз в жизни пошёл он слушать оперу в Большой театр. Для него этот день был праздником. Когда опера кончилась, дедушка сидел грустный.

– Что с тобой? – спросила дочь.

Он грустно показал на сцену и сказал:

– Только сейчас я понял, где было моё место в жизни.

Ирина долго думала о том, что рассказала мама о дедушке. Она прекрасно кончила консерваторию. Где же место в жизни? Может быть, тоже в театре?

| консерватория 音乐学院 |
| мастерская *сущ.* （艺术家，雕塑家的）工作室 |
| репетиция 排练，排演 |
| сцена 舞台 |

Теперь все в стране знают замечательную артистку Большого театра Ирину Архипову. Ирина Архипова часто выступает за границей. Её иногда спрашивают:

– Где вы учились? У вас прекрасная школа!

– В Московской консерватории, – отвечает Ирина. «И в архитектурном институте», – всегда хочет добавить она. Но ведь все знают, что в архитектурном институте не изучают музыку.

Запомните!

принять кого в институт 某人被录取到学院
заниматься пением 练歌
вечернее отделение 夜校部
первый раз в жизни 生来第一次

16. Солистка оперы

Пословица

Что посе́ешь, то и пожнёшь. 种瓜得瓜，种豆得豆。

Зада́ния

I. Вы́берите отве́т, соотве́тствующий содержа́нию прочи́танного те́кста.

1. Чем увлека́лась Ири́на в де́тстве?

   А. Игро́й на роя́ле.

   Б. Му́зыкой.

   В. Занима́лась му́зыкой и люби́ла рисова́ть.

   Г. Та́нцем.

2. Како́й институ́т зако́нчила Ири́на?

   А. Институ́т физкульту́ры.

   Б. Моско́вскую консервато́рию.

   В. Архитекту́рный институ́т.

   Г. Юриди́ческий институ́т.

3. Где она́ получи́ла музыка́льное образова́ние?

   А. В музыка́льной шко́ле.

   Б. В Моско́вской консервато́рии.

   В. На вече́рнем отделе́нии МГУ.

   Г. В архитекту́рном институ́те.

4. Что помогло́ ей найти́ своё ме́сто в жи́зни?

   А. Сове́т ма́мы.

   Б. Расска́з ма́мы о судьбе́ де́душки.

   В. Ничто́ ей не помогло́.

   Г. Она́ ста́ла арти́сткой случа́йно.

5. Чем сейча́с занима́ется Ири́на?

   А. Рабо́тает архите́ктором.

   Б. Рабо́тает арти́сткой Большо́го теа́тра.

   В. Рабо́тает учи́телем му́зыки в шко́ле.

   Г. Преподаёт му́зыку в архитекту́рном институ́те.

II. Поста́вьте подчеркну́тые ли́нией слова́ в ну́жной фо́рме, употребля́я, где ну́жно предло́ги. Укажи́те ударе́ние.

1. Когда́ _____ Ири́на _____ бы́ло семь лет, она́ поступи́ла _____ де́тская музыка́льная шко́ла _____.

2. И молодо́й архите́ктор Ири́на Архи́пова поступи́ла _____ вече́рнее отделе́ние Моско́вской консервато́рии.

3. У́тром, в 9 часо́в она́ была́ уже́ _____ архитекту́рная мастерска́я _____.

III. Переведи́те сле́дующие предложе́ния на кита́йский язы́к.

1. И не то́лько роди́телям, они́ нра́вились всем, кто их ви́дел.

2. Она́ поспеши́ла домо́й, что́бы сообщи́ть ма́ме о том, что её при́няли в институ́т.

3. «Пошла́ бы я на вече́рнее отделе́ние в консервато́рию, е́сли бы при́няли» – ду́мала Ири́на.

4. Пе́рвый раз в жи́зни пошёл он слу́шать о́перу в Большо́й теа́тр.

IV. Что вы ду́маете о значе́нии вы́бора профе́ссии в жи́зни челове́ка?

Анекдо́т

— Ненави́жу кни́гу «Война́ и мир».
— А ты, что чита́л?
— Нет, ксе́рил.

> ненави́деть *нсв.* кого́-что.
> 痛恨，仇恨，憎恨
>
> ксе́рить *нсв., разг.* что.（静电）复印

17

Художник Александр Дейнека о себе

Сколько я себя помню, я всегда рисовал. Мои детские впечатления и наблюдения я старался передать в рисунке.

Когда мне было пятнадцать лет, я поехал учиться в Харьков, а затем в Москву, где поступил в Московское художественное училище.

Я всегда старался всё понять, всё выяснить, чтобы в картинах передать свои впечатления и своё понимание жизни. Всю жизнь я учился. Учился видеть, наблюдать, думать, делать выводы. Чтобы быть художником, недостаточно только уметь рисовать.

...Мне нравится человек в широком жесте, в спортивном или рабочем движении. В пейзажах я люблю широкие просторы, высокие небеса, ясные далёкие горизонты.

Я считаю, что искусство должно украсить нашу жизнь, сделать её духовно богаче. Вероятно, поэтому я с особым увлечением расписывал театры, писал панно для выставок, делал мозаики для метро.

Харьков	哈尔科夫（乌克兰城市，州首府）
училище	学校（多指专门性的中学）
выяснять; выяснить, -ню, -нишь. что.	查清，弄清楚
пейзаж	1. 风景，景色 2. 风景画，山水画
простор	辽阔，广阔地方
горизонт	地平线
духовно *нареч.*	从精神上
расписывать; расписать, -ишу, -ишешь. что.	画上花饰，彩饰，给……作画
панно *ср., нескл.*	大幅覆壁画
мозаика	马赛克镶嵌画

Комментарий

1. Александр Дейнека[нэ] 亚历山大·杰伊涅卡 (1899–1969) — живописец и график, народный художник СССР, действительный член АХ СССР.

Запомните!

сколько (насколько) я себя помню 　自我记事起	делать вывод 得出结论
поступить в художественное училище 　上艺术学校	сделать жизнь духовно богаче 　使生活更加充实

 Пословица

Тише едешь, дальше будешь. 宁静致远；慢工出细活。

  Задания

I. Выберите ответ, соответствующий содержанию прочитанного текста.

1. Когда А. Дейнека начал рисовать?

   А. Когда пошёл в школу.

   Б. Когда учился в Москве.

   В. С детства.

   Г. С 15 лет.

2. Куда поступил Дейнека в Москве?

   А. В МГУ.

   Б. В театральное училище.

   В. В художественное училище.

   Г. В училище искусств.

3. Что он старался передать в своих картинах?

   А. Красоту русской природы.

   Б. Свои впечатления и понимание жизни.

   В. Свои наблюдения и чувства.

   Г. Красоту и силу человека.

4. Для чего, по мнению художника, человеку нужно искусство?

   А. Чтобы любоваться красотой природы и человека.

   Б. Чтобы сделать человека духовно богаче.

   В. Чтобы украсить квартиру.

17. *Художник Александр Дейнека о себе*

Г. Чтобы украсить жизнь, сделать её духовно богаче.

II. Переведите следующие предложения на китайский язык.

1. Я всегда старался всё понять, всё выяснить, чтобы в картинах передать свои впечатления и своё понимание жизни.

2. Чтобы быть художником, недостаточно только уметь рисовать.

3. Вероятно, поэтому я с особым увлечением расписывал театры, писал панно для выставок, делал мозаики для метро.

III. Ответьте на вопросы по-руусски.

1. Вы раньше слышали о художнике Александре Дейнеке?
2. Что вы узнали о нём из этого текста?

Загадка

Не говорит,

Не поёт,

А кто к хозяину идёт –

Она знать даёт.   (Соояка)

18

Снача́ла де́сять лет, а пото́м – всю жизнь

Изве́стная сове́тская балери́на второ́й полови́ны XX ве́ка Ма́йя Плисе́цкая родила́сь в семье́, где все занима́лись иску́сством. С ра́нних лет её окружа́ли расска́зы о жи́зни теа́тра, спо́ры об иску́сстве. Едва́ научи́вшись ходи́ть, она́ уже́ пыта́лась танцева́ть. Спо́ров о вы́боре профе́ссии для Ма́йи в семье́ не́ было. Вопро́с «Кем быть?» реши́ла сама́ Ма́йя.

В 1934 году́ в Моско́вском хореографи́ческом учи́лище она́ попа́ла в класс о́пытного и тре́бовательного педаго́га. В 1947 году́ Ма́йя Плисе́цкая впервы́е танцева́ла па́ртию в «Лебеди́ном о́зере» и э́тот бале́т Чайко́вского стал одни́м из гла́вных в её тво́рческой биогра́фии.

Ма́йя была́ по-настоя́щему тала́нтлива. Приро́да дала́ ей всё, что ну́жно для балери́ны: лёгкие но́ги, большо́й шаг, огро́мный прыжо́к, ги́бкий ко́рпус, вырази́тельные ру́ки, ре́дкую музыка́льность. Всё э́то ста́вило де́вочку на пе́рвое ме́сто в кла́ссе. Рабо́тать с ней бы́ло легко́ и интере́сно.

Одна́ко приро́дные спосо́бности иногда́ станови́лись причи́ной неуда́ч. Привы́кнув к тому́, что всё ей даётся

балери́на 女芭蕾舞演员
едва́ *нареч.* 勉强
хореографи́ческий 舞蹈艺术的
педаго́г 教师，教育家
па́ртия *муз.* (合唱、合奏、合演节目中) 的独唱、独奏、独演
биогра́фия 履历；生平
ги́бкий 灵活的
ко́рпус (人或动物的) 躯干，身体
вырази́тельный 富有表现力的
музыка́льность *ж.* 音乐天赋，音乐才能
дава́ться, даётся, даю́тся; да́ться, да́стся, даду́тся. *кому́.* 容易掌握，不难学会

18. Сначала десять лет, а потом – всю жизнь

лёгко и просто, Майя тяжело встречала любые трудности. Она долго не могла привыкнуть к тому, что танец – это прежде всего труд, ежедневный, <u>напряжённый</u>, тяжёлый труд. И работать с ней <u>порой</u> было трудно.

Так было много лет назад. Шли годы. Майя училась не только танцевать, но и работать, работать постоянно, упорно, ежедневно.

Талант и работоспособность. Благодаря этим качествам Майя Плисецкая стала одной из величайших балерин мира.

Однажды Плисецкую спросили: «Сколько лет Вы учились танцу?» Она ответила: «Сначала десять лет, а потом – всю жизнь. И каждый день».

> **напряжённый** 紧张的，加强的
> **порой** *нареч.* 有时

Комментарий

Майя Плисецкая (1925–) — балерина, сценарист, Народная артистка СССР (1959). Герой Социалистического Труда, балетмейстер.

Запомните!

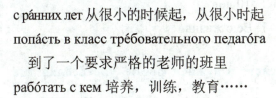

с ранних лет 从很小的时候起，从很小时起

попасть в класс требовательного педагога
　　到了一个要求严格的老师的班里

работать с кем 培养，训练，教育……

ставить кого-что на первое место
　　使……独占鳌头，使……名列第一，
　　把……放在第一位

прежде всего 首先

Пословица

Терпение и труд всё перетрут. 只要功夫深，铁杵磨成针。

Задания

I. Выберите ответ, соответствующий содержанию прочитанного текста.

1. В какой семье родилась Майя Плисецкая?

　　А. В семье, где любили искусство.

　　Б. В семье, где все работали в театре.

　　В. В семье, где все занимались музыкой.

Г. В семье́, где все бы́ли людьми́ иску́сства.

2. Кто помо́г Ма́йе вы́брать профе́ссию?

А. Роди́тели.

Б. Она́ сама́ вы́брала.

В. Учителя́.

Г. Друзья́.

3. Где учи́лась Плисе́цкая?

А. В Моско́вском хореографи́ческом учи́лище.

Б. В Моско́вском музыка́льном учи́лище.

В. В консервато́рии им. П. И. Чайко́вского.

Г. В Моско́вском худо́жественном учи́лище.

4. Чего́ не хвата́ло Плисе́цкой в пери́од учёбы?

А. Тала́нта.

Б. Вре́мени.

В. Спосо́бностей.

Г. Трудолю́бия.

5. Ско́лько лет учи́лась Ма́йя Плисе́цкая?

А. 15 лет.   Б. 10 лет.

В. Ка́ждый день.   Г. Всю жизнь.

II. Поста́вьте подчеркну́тые ли́нией слова́ в ну́жной фо́рме, употребля́я, где ну́жно предло́ги. Укажи́те ударе́ние.

1. ___Спо́ры___ о вы́боре ___профе́ссия___ для Ма́йи в семье́ не́ было.

2. Одна́ко приро́дные спосо́бности иногда́ станови́лись ___причи́на___ неуда́ч.

3. Благодаря́ ___э́ти   ка́чества___ Ма́йя Плисе́цкая ста́ла ___одна́___ из велича́йших ___балери́на___ ми́ра.

4. Ско́лько лет Вы учи́лись ___та́нец___ ?

III. Переведи́те сле́дующие предложе́ния на кита́йский язы́к.

1. Всё э́то ста́вило де́вочку на пе́рвое ме́сто в кла́ссе.

2. Привы́кнув к тому́, что всё ей даётся легко́ и про́сто, Ма́йя тяжело́ встреча́ла любы́е тру́дности.

3. Она́ до́лго не могла́ привы́кнуть к тому́, что та́нец – э́то пре́жде всего́ труд,

18. Сначала десять лет, а потом – всю жизнь

ежедневный, напряжённый, тяжёлый труд.

4. Так было много лет назад.

IV. Ответьте на вопросы по-русски.

1. О чём заставляет задуматься этот очерк?
2. Что вы можете сказать о названии очерка?

Анекдот

Маленький мальчик заблудился.

– На какой улице ты живёшь? – спрашивает гаишник.
– Я живу не на улице, а дома.

гаишник *прост.* 交警

19

Тузик

В большо́й моско́вской кварти́ре жил де́тский писа́тель. У него́ была́ краси́вая у́мная соба́ка. Э́ту соба́ку зва́ли Ту́зик. В семье́ писа́теля все о́чень люби́ли Ту́зика.

Когда́ писа́тель был до́ма, Ту́зик ти́хо лежа́л под столо́м в ко́мнате. Иногда́ писа́тель разгова́ривал с ним. Тогда́ Ту́зик внима́тельно смотре́л на хозя́ина. Он всё понима́л: приноси́л писа́телю газе́ты из коридо́ра, поднима́л с по́ла карандаши́. Ту́зик всегда́ слу́шался хозя́ина.

Когда́ Ту́зику хоте́лось гуля́ть, он то́же начина́л «разгова́ривать» с писа́телем.

— Гав-гав! — «говори́л» он и смотре́л на дверь. — Я хочу́ гуля́ть.

И хозя́ин шёл с ним во двор и́ли на у́лицу.

У́тром обы́чно писа́тель уходи́л на рабо́ту, а Ту́зик начина́л игра́ть. Он выходи́л в коридо́р. Там на сту́ле ча́сто спал большо́й кот. Ту́зик подходи́л к сту́лу, смотре́л на большо́го кота́ и «говори́л»:

— Гав! Я хочу́ с тобо́й игра́ть.

Кот не люби́л игра́ть с ним. Но Ту́зик ла́ял и бе́гал за кото́м по коридо́ру. Когда́ кот убега́л, Ту́зику станови́лось ску́чно.

Тогда́ он начина́л игра́ть с ко́вриком. Ко́врик обы́чно лежа́л в ко́мнате под столо́м. Ту́зик лез под стол, брал ко́врик в зу́бы и начина́л рвать его́.

Ещё он о́чень люби́л игра́ть в мяч. Ту́зик бе́гал за мячо́м по дли́нному широ́кому коридо́ру от стены́ к стене́ и гро́мко ла́ял.

Иногда́ Ту́зик «помога́л» убира́ть

слу́шаться; послу́шаться. кого́-чего́.
听从，听话

кот 猫

ла́ять, ла́ю, ла́ешь. （狗、狐狸等）叫

ко́врик (ковёр 的小称) 小地毯；门前擦脚垫

рвать, рву, рвёшь; порва́ть. что.
1. 揪，撕 2. 撕碎，撕破

19. Тузик

квартиру. Он уносил из коридора шапки, сумки и другие вещи и клал их под диван или за диван. К вечеру за диваном лежала гора вещей.

Но в семье писателя очень любили Тузика и не сердились на него.

Один раз был такой случай. В гости к писателю приехала его сестра. Она часто играла с Тузиком. Однажды она налила в ванну тёплой воды и хотела купаться. Но она забыла в комнате чистое полотенце и пошла в комнату за полотенцем.

Тузик в это время играл в коридоре. Когда сестра писателя вошла в комнату, Тузик взял коврик в зубы и положил его в ванну с водой.

Коврик поплыл, а Тузик прыгнул за ним в тёплую прозрачную воду.

Сестра вернулась и увидела в ванне мокрого Тузика. Он сидел в тёплой воде и играл с ковриком. Она очень рассердилась и позвонила по телефону писателю на работу.

– Скорей приезжай домой! – сказала она. – Тузик не слушается.

Писатель не мог приехать домой. Он должен был работать. Он говорил с сестрой по телефону и думал, что ему делать с Тузиком.

Потом он сказал сестре:

– Позови, пожалуйста, Тузика к телефону. Я буду с ним разговаривать.

Мокрый Тузик стоял недалеко от телефона. С него капала вода. Сестра писателя приложила трубку к уху собаки, а писатель крикнул:

– Тузик, ложись!

Тузик лёг. Он очень испугался. Он знал, что хозяина нет дома. А сейчас Тузик слышал его голос, хозяин разговаривал с ним.

– Ты плохая собака. Ты не будешь больше ходить со мной в лес, – говорил писатель Тузику.

Писатель долго разговаривал с собакой по телефону. А Тузик тихо сидел и слушал.

Потом писатель сказал:

– Иди на место! Где твоё место?

Тузик быстро встал, побежал в комнату и лёг под стол.

Поздно вечером писатель вернулся домой. Сестра открыла ему дверь. Она уже не сердилась на Тузика.

– Тузик весь день лежал под столом и не ел, – сказала она.

наливать; налить, налью, нальёшь. что или чего. 倒入，注入；注满，斟满

ванна 浴缸，浴盆

полотенце *ср.* 面巾, 手巾, 毛巾; 抹布

прозрачный 透明的

капать *нсв.* только 3 л. 滴落, 滴下

прикладывать; приложить, -ожу, -ожишь. что к чему. 贴近

Писатель тихо вошёл в комнату.

– Тузик! – сказал он. – Иди ко мне.

Тузик тихо вылез из-под стола. Он как будто хотел сказать: Прости. Я больше не буду. Я всегда буду слушаться. Только не разговаривай со мной по телефону.

После этого случая в квартире стало тихо.

Когда Тузик не слушался, сестра подходила к телефону, снимала трубку и показывала её Тузику. Тузик быстро уходил в комнату и ложился на коврик под столом.

Комментарий

Тузик — это кличка собаки.

Запомните!

поднимать с пола кого-что
从地上拣起（抱起等）……

идти во двор 去院子里

идти на улицу (двор) 到户外，去外面

лезть под стол 往桌子下面钻

брать коврик в зубы 衔着，咬着小地毯

позвонить по телефону кому на работу
给某人往单位打电话

приложить трубку к уху кого (к чьему уху)
把电话听筒贴到某人耳旁

идти на место 回原位

вылезти из-под стола 从桌下钻出来

снимать трубку 拿起电话（听筒）

как будто 仿佛，好像

Пословица

Как печь топить, так и дрова рубить. 临渴掘井。

Задания

I. Выберите ответ, соответствующий содержанию прочитанного текста.

1. Почему в семье любили Тузика?

    А. Он сторожил дом.   Б. Он будил хозяев по утрам.

    В. Он поднимал с пола карандаши.   Г. Это была красивая умная собака.

2. С кем любил играть Тузик?

    А. С другой собакой.   Б. С писателем.

19. Тýзик

    В. С котóм.   Г. С сестрóй писáтеля.

3. Как Тýзик помогáл убирáть кóмнату?

    А. Брал швáбру и мыл пол.   Б. Подметáл хвостóм сор на полý.

    В. Склáдывал вéщи под дивáн.   Г. Относúл газéты в коридóр.

4. Почемý сестрá писáтеля рассердúлась на Тýзика?

    А. Он брал в зýбы кóврик и рвал егó.   Б. Он не слýшался сестры́.

    В. Он обижáл котá.   Г. Он грóмко лáял.

5. Почемý Тýзик испугáлся телефóна?

    А. Он услы́шал по телефóну лай другóй собáки.

    Б. Сестрá писáтеля бúла Тýзика телефóнной трýбкой.

    В. Писáтель ругáл Тýзика по телефóну.

    Г. Тýзик не любúл тéхнику.

II. Постáвьте подчеркнýтые лúнией словá в нýжной фóрме, употребля́я, где нýжно предлóги. Укажúте ударéние.

1. Тýзик лáял и бéгал за <u>кот</u>   по <u>коридóр</u>   .

2. Кóврик обы́чно лежáл   <u>кóмната</u>   под <u>стол</u>   .

3. К <u>вéчер</u>   за <u>дивáн</u>   лежáла горá   <u>вéщи</u>   .

III. Переведúте слéдующие предложéния на китáйский язы́к.

1. Тýзик бéгал за мячóм по длúнному широкóму коридóру от стены́ к стенé и грóмко лáял.

2. Он уносúл из коридóра шáпки, сýмки и другúе вéщи и клал их под дивáн úли за дивáн.

3. Когдá Тýзик не слýшался, сестрá подходúла к телефóну, снимáла трýбку и покáзывала её Тýзику. Тýзик бы́стро уходúл в кóмнату и ложúлся на кóврик под столóм.

IV. Расскажúте о том, как Тýзик обы́чно игрáл.

Анекдóт

— Мам, а мам, а мóжно я сегóдня почáтюсь?

— Лáдно, сынóк, тóлько недóлго. Далекó не ходú, тóлько на мéстные узлы́, с незнакóмыми не разговáривай.

20

Рабо́та учи́теля

О́коло ка́ссы кинотеа́тра пе́редо мной стоя́ла шу́мная гру́ппа студе́нток педагоги́ческого институ́та. Из разгово́ра де́вушек я поняла́, что заболе́л их преподава́тель, и тепе́рь они́ шу́мно ра́довались, что вме́сто заня́тий мо́жно пойти́ в кино́.

– Ой, де́вочки! – вдруг сказа́ла одна́ из них. – Ско́ро мы око́нчим институ́т, пойдём рабо́тать в шко́лу. И вот ты, Ле́на, заболе́ешь. А твои́ ученики́ бу́дут ра́доваться, что ты больна́...

– Ну и сказа́ла! – отве́тила ей подру́га. – Е́сли Ле́на заболе́ет, ребя́та к ней сра́зу с конфе́тами побегу́т. А вот е́сли мы с тобо́й заболе́ем...

Де́вушки засмея́лись.

– И ничего́ смешно́го тут нет, – сказа́ла пе́рвая. – Я тепе́рь ча́сто ду́маю о на́шей профе́ссии. Мо́жет быть, мне не ну́жно бы́ло в педагоги́ческий поступа́ть?

Де́вушки на́чали спо́рить. А я слу́шала их и то́же ду́мала о на́шей профе́ссии. Я хоте́ла сказа́ть им, что на́ша профе́ссия...

Но мы бы́ли уже́ о́коло ка́ссы. Студе́нтки взя́ли биле́ты и пошли́ в кино́. Я то́же взяла́ биле́ты, но на ве́чер. Разгово́р де́вушек так взволнова́л меня́, что я реши́ла пойти́ домо́й пешко́м, что́бы поду́мать обо всём, что услы́шала.

Я шла и ду́мала: наве́рное, ка́ждый, кто лю́бит свою́ профе́ссию, счита́ет её са́мой лу́чшей, са́мой интере́сной и са́мой тру́дной. Я учи́тельница и я счита́ю: нет на земле́ рабо́ты бо́лее ва́жной и бо́лее тру́дной, бо́лее ра́достной и бо́лее ну́жной лю́дям, чем на́ша! Я не раз слы́шала таки́е разгово́ры о на́шей рабо́те:

волнова́ть, -ну́ю, -ну́ешь; взволнова́ть. кого́-что. 使焦急不安，使焦燥
счита́ть нсв. 认为

20. Работа учителя

«Учителем быть легко: 3–4 урока в день – и домой. Да ещё два месяца отпуска, плюс каникулы...» Так ли всё это?

Настоящий учитель – это не только человек, который даёт своим ученикам знания, это и воспитатель, от которого во многом зависит, какими будут сегодняшние мальчики и девочки. И если ты выбрал нашу профессию не случайно, а по призванию, если ты готов отдать ребятам и знания, и время, и силы, и любовь, если ты умеешь радоваться вместе с ними, жить с ними одной жизнью, тогда нет работы, которая приносит больше радости, чем наша.

Я знаю, пройдут годы, и я не увижу уже многих своих учеников, и не все, наверное, будут писать мне письма. Может быть, они забудут наши бесконечные разговоры на уроках и после них, в музеях и театрах, на наших прогулках. Но я знаю, что чувства, которые появились там: любовь к искусству, к природе, забота о товарище, волнение за наши общие дела – всё это они унесли с собой из школы на завод, в техническое училище, в институт и понесут дальше в большую и интересную свою жизнь.

Вот что такое наша работа.

> **плюс** 1. 加号；加 2.（温度）零上 3. 长处，优点
>
> **зависеть, -сит, -сят. от кого-чего.** 依靠，取决于……
>
> **случайно** *нареч.* 偶然
>
> **призвание** 志向

Запомните!

вместо занятий пойти в кино
　不去上课而去看电影
Ничего смешного тут нет.
　这没（有）一点儿可笑之处。

не раз 不止一次，许多次
дать, отдать кому знания 给某人传授知识
выбрать профессию по призванию
　按志愿选择职业

Изречение

> Лучшее наслаждение, самая высокая радость жизни – чувствовать себя нужным и близким людям.
> 生活中最高的享受、最大的快乐就是感到自己是人们需要和亲近的人。
>
> — М. Горький

Задáния

I. Вы́берите отвéт, соотвéтствующий содержáнию прочи́танного тéкста.

1. Кто покупáл билéты в кинó?

    А. Студéнтки пединститýта.

    Б. Студéнтки мединститýта.

    В. Шýмная грýппа шкóльниц.

    Г. Студéнты пединститýта.

2. Почемý рáдовались дéвушки?

    А. Они́ вы́играли большýю сýмму дéнег в лотерéю.

    Б. Они́ успéшно сдáли трýдный экзáмен.

    В. Они́ купи́ли в магази́не краси́вые плáтья.

    Г. Заболéл их преподавáтель.

3. Какáя рабóта на землé сáмая вáжная, трýдная и нýжная?

    А. Рабóта космонáвта.

    Б. Рабóта врачá.

    В. Рабóта президéнта страны́.

    Г. Рабóта учи́теля.

4. Что являéтся глáвным при вы́боре профéссии учи́теля?

    А. Хорóшее здорóвье.

    Б. Прекрáсная пáмять.

    В. Ширóкий кругозóр.

    Г. Призвáние.

5. Где у человéка начинáют формировáться сáмые глáвные егó чýвства?

    А. В общéнии с друзья́ми.

    Б. В спорти́вных соревновáниях.

    В. В шкóле.

    Г. В теáтрах и на концéртах.

II. Постáвьте подчеркнýтые ли́нией словá в нýжной фóрме, употребля́я, где нýжно предлóги. Укажи́те ударéние.

1. И éсли ты вы́брал ___нáша___ ___профéссия___ не случáйно, а ___призвáние___,

20. Рабо́та учи́теля

е́сли ты <u>гото́вый</u> (кратк.) отда́ть <u>ребя́та</u> и зна́ния, и вре́мя, и си́лы, и любо́вь, е́сли ты уме́ешь ра́доваться вме́сте <u>они́</u>, жить с ни́ми <u>одна́ жизнь</u>, тогда́ нет <u>рабо́та</u>, кото́рый прино́сит бо́льше <u>ра́дость</u>, чем на́ша.

2. Но я зна́ю, что чу́вства, кото́рые появи́лись там: любо́вь <u>иску́сство</u>, <u>приро́да</u>, забо́та <u>това́рищ</u>, волне́ние <u>на́ши о́бщие дела́</u> – всё э́то они́ унесли́ с собо́й из шко́лы <u>заво́д</u>, <u>техни́ческое учи́лище</u>, <u>институ́т</u> и понесу́т да́льше <u>больша́я и интере́сная своя́ жизнь</u>.

III. Переведи́те сле́дующие предложе́ния на кита́йский язы́к.

1. Учи́телем быть легко́: 3-4 уро́ка в день – и домо́й.

2. Настоя́щий учи́тель – э́то не то́лько челове́к, кото́рый даёт свои́м ученика́м зна́ния, э́то и воспита́тель, от кото́рого во мно́гом зави́сит, каки́ми бу́дут сего́дняшние ма́льчики и де́вочки.

3. Вот что тако́е на́ша рабо́та.

IV. Отве́тьте на вопро́сы по-ру́сски.

1. Вы хорошо́ зна́ете рабо́ту учи́теля? Вы её лю́бите?

2. Что вы узна́ли о рабо́те учи́теля из те́кста?

3. Вы хоти́те рабо́тать учи́телем? Почему́?

Анекдо́т

Доце́нт:

– Вы опя́ть не подгото́вились? Ведь обеща́ли стать в э́том семе́стре други́м челове́ком...

Студе́нт:

– Я и стал други́м челове́ком, но он то́же оказа́лся лоды́рем.

доце́нт 副教授
ло́дырь *м., разг.*
游手好闲的人，懒汉，二流子

21

Они строят новую дорогу

(По А. Максимову)

По бескрайней земле Сибири идёт весёлый зелёный поезд. Это новый отряд молодёжи едет строить Байкало-Амурскую магистраль. В вагонах громко разговаривают, играют на гитарах, поют песни. Первый раз в жизни едут молодые строители через всю страну. Долго стоят у окон, удивляются бескрайним полям и лесам, новым городам.

Едет в этом поезде и Володя Телегин. Он работает на БАМе уже три года. Володя ездил домой в Киев и теперь возвращается.

– Самое главное, ребята, – говорит он, – стать хорошими друзьями. Тогда будет не так трудно.

Да, работать на БАМе трудно. Многие строители ещё живут не в домах, а в маленьких вагонах. И работа здесь нелёгкая. Одни рубят лес, другие строят мосты через реки, третьи строят железную дорогу...

Зимой в Сибири сильные морозы, а летом комары жить не дают. Поэтому здесь могут работать только сильные и смелые люди, которые готовы помочь друг другу в трудную минуту.

У Ани Ларионовой профессия агронома, но на БАМе она работает шофёром. Она невысокая, и рядом с большой машиной кажется совсем маленькой.

бескрайний 无边际的，一望无际的
отряд （为进行某一活动而组成的）队
рубить, рублю, рубишь. нсв. кого-что.
　砍，劈，剁
комар, -á 蚊子
агроном 农学家；农艺师
шофёр 汽车司机

21. Они строят новую дорогу

— Разве это женское дело водить машину в такие морозы и по таким дорогам? – часто спрашивают её друзья.

— Может быть, и не женское, но я давно мечтала работать на БАМе. Когда я сюда приехала, здесь очень нужны были шофёры. Я стала водить машину, и работа мне понравилась. Трудно, но интересно.

Каждый день Аня едет рано утром за продуктами и возвращается поздно вечером. Однажды зимой машина её остановилась в глубоком снегу. Ехать дальше она не могла. Было уже темно. Аня села в машину, включила мотор и стала ждать помощи. Она заснула, но через несколько часов проснулась, потому что замёрзла. Бензин кончился, и мотор остановился. Аня вышла из машины на дорогу и стала прыгать, чтобы согреться. Рядом никого не было, только деревья и снег. И вдруг далеко на дороге Аня увидела слабый свет машины.

Это была помощь. Это были друзья Ани, которые искали её всю ночь.

— Теперь, наверное, уйдёшь от нас? – смеялись шофёры.

мотор 发动机，马达
бензин 汽油
согреваться; согреться, -еюсь, -еешься 暖和过来，取暖

— Вот построим дорогу, тогда и уйду. Буду здесь хлеб выращивать.

Комментарий

БАМ 贝阿干线 — Байкало-Амурская магистраль. БАМ построили в 1974–1984 гг. Это железная дорога от Восточной Сибири и до Дальнего Востока.

Запомните!

по бескрайней земле идти 在无边无际的
  大地上行驶，前进
первый раз в жизни 有生第一次
сильные морозы 严寒

в трудную минуту 在困难时刻
водить машину 开车
в глубоком снегу 在厚厚的积雪中

Китайский фразеологизм

смело идти навстречу (вопреки) всем трудностям; идти вперёд вопреки всем трудностям. 知难而进。

Задания

I. Выберите ответ, соответствующий содержанию прочитанного текста.

1. Кто едет строить магистраль?

   А. Сильные и смелые люди.

   Б. Молодые строители.

   В. Володя Телегин.

   Г. Аня Ларионова.

2. Где живут многие строители?

   А. В маленьких вагонах.

   Б. В квартирах около БАМа.

   В. Дома у колхозников.

   Г. В землянках.

3. Какой климат в Сибири?

   А. Очень холодный.

   Б. Умеренный.

   В. Очень суровый.

   Г. Прохладный.

4. Почему агроном Аня работает шофёром?

   А. Как приехала на БАМ, она хотела работать шофёром.

   Б. Она любит технику больше, чем сельское хозяйство.

   В. На БАМе очень нужны шофёры.

   Г. Работать шофёром – это женское дело.

5. Почему машина Ани остановилась зимой на дороге?

   А. Аня решила отдохнуть.

   Б. В машине кончился бензин.

   В. Машина сломалась.

   Г. Был глубокий снег на дороге.

6. Что намерена делать Аня в будущем?

21. Они строят новую дорогу

А. Снова работать агрономом.

Б. Продолжать работать шофёром.

В. Вернуться домой.

Г. Будет дома хлеб выращивать.

II. Поставьте подчеркнутые линией слова в нужной форме, употребляя, где нужно предлоги. Укажите ударение.

1. Долго стоят ___окна___ , удивляются ___бескрайние поля и леса___, ___новые города___ .

2. Это были ___друзья___ Ани, которые искали её ___вся ночь___ .

III. Переведите следующие предложения на китайский язык.

1. Она невысокая, и рядом с большой машиной кажется совсем маленькой.
2. Разве это женское дело водить машину в такие морозы и по таким дорогам?
3. – Вот построим дорогу, тогда и уйду. Буду здесь хлеб выращивать.

IV. Ответьте на вопросы по-русски.

1. Почему было очень трудно строить БАМ?
2. Опишите, в каких условиях жили и работали строители БАМа.

Анекдот

– Что с тобой? – спрашивает маленькая девочка старшую сестру.

– Почему ты плачешь?

– Учитель географии поставил мне двойку! Я забыла, где Аляска.

– Эх ты, растеряха! Куда же ты её положила?

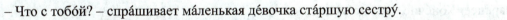

Аляска 阿拉斯加州（美国）

растеряха *прост., м. и ж.* 丢三落四的人

22

Нóвый год

Новогóдний прáздник – это сáмый люби́мый прáздник, прáздник надéжд. Дéти ждут Дéда Морóза, глáвного герóя прáздника, подáрков, зи́мних кани́кул, а взрóслые – нóвой ми́рной, рáдостной и счастли́вой жи́зни в нóвом годý.

К Нóвому годý все готóвятся зарáнее. В прáздничные дни гóрод необы́чен. В витри́нах магази́нов, на площадя́х и в пáрках стоя́т наря́дные ёлки. На ýлицах мнóго людéй. Они́ спешáт закóнчить делá стáрого гóда, чтóбы приготóвиться к прáзднику – купи́ть подáрки дéтям, родны́м, друзья́м. Но сáмое глáвное – купи́ть краси́вую новогóднюю ёлку. Кáждый хóчет встречáть Нóвый год óколо ёлки, поэ́тому сáмые многолю́дные местá в гóроде – это ёлочные базáры. Лю́ди знáют, что хорóшую ёлку нýжно купи́ть зарáнее. Конéчно, мóжно купи́ть и искýсственную ёлку. Но мóжно ли её сравни́ть с настоя́щим дéревом?

Украшéние ёлки – это огрóмное удовóльствие для взрóслых и детéй, поэ́тому во мнóгих домáх ёлку наряжáют всей семьёй. Ёлочные игрýшки мóжно купи́ть в магази́нах, но прия́тнее сдéлать их свои́ми рукáми. Нéкоторые роди́тели считáют, что украшéние ёлки – дéло взрóслых. Они́ украшáют её, когдá

зарáнее *нареч.* 事先，预先
витри́на （商店的）橱窗
наря́дный 服装漂亮的，衣着等好看的；装饰华丽的
ёлка 新年枞树，圣诞树
базáр 市场，集市
срáвнивать; сравни́ть, -ню́, -ни́шь. когó-чтó с кем-чем. 比较，对比
украшéние 装饰，点缀，打扮
наряжáть; наряди́ть, -яжý, -я́дишь. когó-чтó. 打扮，装饰

22. Новый год

дети спят, чтобы сделать им сюрприз. Утром дети просыпаются и видят красавицу ёлку. На ней разноцветные шары, яркие игрушки… Но самый главный сюрприз – под ёлкой. Там подарки, которые принёс добрый Дед Мороз.

В эти праздничные дни на городских улицах часто можно увидеть удивительную картину. Около дома останавливается такси. Из него выходят странные пассажиры: старик с бородой, в длинной белой шубе и шапке, с палкой и большим мешком и моло́денькая девушка тоже в белой шубке и шапочке. Это традиционные новогодние герои – Дед Мороз и его внучка Снегурочка. Дети собираются около машины. Они знают, что папа и мама «заказали» Деда Мороза по телефону, что в мешке подарки.

Вечером, дети и взрослые собираются за праздничным столом, чтобы проводить старый год. Обычно за столом вспоминают всё хорошее, что было в старом году. Нужно создать хорошее настроение, потому что есть примета: если Новый год встречаешь в хорошем настроении, тогда весь год будет счастливым.

В 12 часов ночи бьют кремлёвские куранты. Бой этих часов слышат в каждом доме. Нужно успеть открыть шампанское до двенадцати часов. Люди поздравляют друг друга с Новым годом, с новым счастьем. Желают родным и друзьям здоровья, успехов в новом году, дарят подарки. По телевизору в эту ночь можно увидеть праздничный «Огонёк» – концерт, в котором участвуют любимые артисты, и новогодний весёлый фильм. Праздничная программа и веселье продолжаются до утра.

> **красавица** 1. 美女，美人 2. (常用作同位语) 非常美丽的（用于阴性名词）
> **шуба** 毛皮大衣；皮袄
> **мешок, -шка** 袋子，口袋
> **шапочка** (**шапка** 的指小) 帽子
> **снегурочка** （童话中的）雪姑娘
> **примета** 1. 特征，标志 2. 预兆，兆头
> **куранты** *мн.* 带音乐装置的自鸣钟
> **бой** 1. 战斗，作战 2. *ед.* 敲击，敲打；敲击声
> **шампанское** *ср.* 香槟酒

Запомните!

наряжать (украшать) ёлку 装饰新年枞树

сделать кому сюрприз
　给某人一个意外的惊喜

собираться за праздничным столом
　相聚在节日的餐桌旁

кремлёвские куранты
　克里姆林宫自鸣钟

встречать кого-что в хорошем настроении
　(с хорошим настроением)
　用好的心情迎接……

Пословица

Повторение – мать учения. 温故而知新。

Задания

I. Выберите ответ, соответствующий содержанию прочитанного текста.

1. Какой праздник в России самый любимый?

   А. Пасха. Б. Рождество.

   В. Первое мая. Г. Новый год.

2. Что украшают в каждом доме перед Новым годом?

   А. Ёлку. Б. Кухню.

   В. Ванную. Г. Входную дверь.

3. Почему дети любят Деда Мороза и его внучку Снегурочку?

   А. У них красивая новогодняя одежда.

   Б. Они дарят детям подарки.

   В. Они поют детям песни и рассказывают сказки.

   Г. Они дарят детям деньги.

4. Какая примета существует на Руси?

   А. На новый год выбрасывают из дома мусор.

   Б. Перед Новым годом выбрасывают старые газеты и журналы.

   В. Если хорошо встретишь Новый год, то весь год будет счастливым.

   Г. Если в новогоднюю ночь идёт снег, люди будут счастливы.

5. Как долго продолжается праздничное веселье?

   А. 2–3 часа. Б. 2–3 дня.

   В. 2–3 недели. Г. До утра.

II. Поставьте подчеркнутые линией слова в нужной форме, употребляя, где нужно предлоги. Укажите ударение.

1. Украшение ___ёлка___ – это огромное удовольствие ___взрослые___ и ___дети___, поэтому во ___многие___ ___дома___ ___ёлка___ наряжают ___вся___ ___семья___.

2. Люди поздравляют друг ___друг___ ___Новый___ ___год___, ___новое___ ___счастье___. Желают ___родные___ и ___друзья___ ___здоровье___, ___успехи___

22. Новый год

_____ в новом году, дарят подарки.

3. Если Новый год встречаешь __хорошее__ __настроение__, тогда весь год будет __счастливый__.

III. Переведите следующие предложения на китайский язык.

1. Из такси выходят странные пассажиры: старик с бородой, в длинной белой шубе и шапке, с палкой и большим мешком и молоденькая девушка тоже в белой шубке и шапочке.

2. Обычно за столом вспоминают всё хорошее, что было в старом году.

3. Нужно успеть открыть шампанское до двенадцати часов.

IV. Ответьте на вопросы по-русски.

1. Расскажите, как русские проводят Новый год.
2. Расскажите, как вы проводите Новый год.
3. Какая разница в проведении Нового года между Россией и Китаем?

Анекдот

– Молодой человек, вы на следующей остановке выходите?
– Нет, я через одну.
– Тогда давайте меняться?
– То есть я на следующей, а вы через одну?

23

Смея́ться и́ли молча́ть?

Я прие́хал в Москву́ из Аме́рики. Я на́чал изуча́ть ру́сский язы́к в Э́ванстоне, Норд-Ве́стернском университе́те. Гру́ппа была́ о́чень больша́я – 30 студе́нтов, заня́тие продолжа́лось по 50 мину́т два ра́за в неде́лю. Мы занима́лись по америка́нскому уче́бнику ру́сского языка́. Пе́рвый текст, кото́рый я прочита́л без словаря́, я по́мню наизу́сть. Вот послу́шайте:

«Идёт уро́к. Сего́дня мы чита́ем текст. Наш преподава́тель Бори́с Андре́евич говори́т, что мы о́чень хорошо́ чита́ем по-ру́сски. Мы, коне́чно, зна́ем, что э́то не так. Но Бори́с Андре́евич – до́брый и симпати́чный челове́к. Он неда́вно здесь и говори́т по-англи́йски с акце́нтом, но э́то ничего́. По-ру́сски он говори́т свобо́дно и хорошо́. Мы его́ понима́ем, да́же когда́ он говори́т бы́стро.

Сего́дня Бори́с Андре́евич нас спра́шивает, не зна́ем ли мы, где Ми́ша Ро́бертс. А́нна Джонс говори́т, что Ми́ша сего́дня бо́лен. Я зна́ю, что э́то не так, но ничего́ не говорю́. Ми́ша Ро́бертс – шпио́н. Я ду́маю, лу́чше молча́ть».

Этот текст я чита́л мно́го раз, потому́ что не понима́л. Я не понима́л, почему́ ру́сский преподава́тель «свобо́дно говори́т по-ру́сски». А как он мог ещё говори́ть на своём родно́м языке́? И я не понима́л, почему́ «шпио́н Ми́ша Ро́бертс» не хо́дит на заня́тия по ру́сскому языку́ и обраща́ет на себя́ внима́ние ру́сского преподава́теля. И ещё други́е «почему́»...

Я задава́л вопро́сы на заня́тии, все студе́нты мно́го говори́ли и смея́лись.

В конце́ концо́в мы вы́учили э́тот текст наизу́сть. Наш Бори́с был дово́лен.

Э́ванстон	埃文斯顿(美国城市)
акце́нт	口音，腔调
шпио́н	间谍

23. Смеяться или молчать?

Комментарий

Норд-Вéстернский университéт 西北大学

Запóмните!

говори́ть на своём родно́м языке́
讲自己的母语

обраща́ть чьё внима́ние на себя́
使某人注意自己

Посло́вица

Не ошиба́ется тот, кто ничего́ не де́лает. 无所事事者是不会犯错误的。

Зада́ния

I. Вы́берите отве́т, соотве́тствующий содержа́нию прочи́танного те́кста.

1. Где а́втор на́чал изуча́ть ру́сский язы́к?

   А. В США.   Б. В Росси́и.

   В. В Кита́е.   Г. В Япо́нии.

2. По како́му уче́бнику а́втор изуча́л ру́сский язы́к?

   А. По уче́бнику для 1 кла́сса росси́йской нача́льной шко́лы.

   Б. По уче́бнику, соста́вленному в США.

   В. По уче́бнику, соста́вленному в Росси́и.

   Г. По уче́бнику для студе́нтов-иностра́нцев.

3. Како́й текст а́втор запо́мнил наизу́сть?

   А. Текст по исто́рии Росси́и.

   Б. Текст о ру́сских обы́чаях.

   В. Текст о преподава́теле ру́сского языка́.

   Г. Текст о судьбе́ не́гров в США.

4. Почему́ а́втор мно́го раз чита́л э́тот текст?

   А. Текст ему́ о́чень понра́вился.

   Б. У а́втора не́ было други́х те́кстов.

   В. Так веле́л преподава́тель.

Г. Автор не понимал этот текст.

5. Почему студенты смеялись?

А. Текст был глупый.

Б. В тексте было много юмора.

В. Они смеялись без причины.

Г. В тексте были смешные иллюстрации.

II. Поставьте подчеркнутые линией слова в нужной форме, употребляя, где нужно предлоги. Укажите ударение.

1. Занятие продолжалось ____50____ минута ____ два раза ____ неделя ____.
2. Анна Джонс говорит, что Миша сегодня ___больной___ (кратк.).

III. Переведите следующие предложения на китайский язык.

1. Он недавно здесь и говорит по-английски с акцентом, но это ничего.

2. И я не понимал, почему «шпион Миша Робертс» не ходит на занятия по русскому языку и обращает на себя внимание русского преподавателя.

IV. Ответьте на вопросы по-русски.

1. Что автору было непонятно в тексте из американского учебника?
2. Как вы думаете, почему текст в американском учебнике неудачен?

 Загадка

Зимой и летом, одним цветом. (ЕЛР)

24

Утро

(По М. Горькому)

Я люблю смотреть, как рождается день. В небе появляется первый **луч** солнца, а темнота ночи тихо уходит в горы, **прячется** в густой **зелени травы**. Горы ласково улыбаются.

Идёт солнце.

Волны моря приветствуют солнце, они поют:

– Здравствуй, солнце, хозяин мира!

Доброе солнце смеётся.

– Доброе утро! – говорит солнце и поднимается всё выше и выше. – Доброе утро, прекрасное море! Но не **прыгайте**, волны! Тише! Дети хотят купаться. Надо, чтобы всем людям было хорошо.

Море успокоилось. Началось утро.

Просыпаются люди, для которых вся жизнь – труд; просыпаются те, кто всю жизнь украшает землю.

Проснулись люди и идут на свои поля, к своему труду. Солнце смотрит на них и улыбается. Оно лучше всех знает, как много доброго сделали люди на земле, есть за что любить и уважать их великую работу.

Умей любить солнце – источник радости и силы. Будь весел, добр, как одинаково доброе для всех солнце.

луч 光线

прятаться, -ячусь, -ячешься; спрятаться
   躲避, 躲藏

зелень *ж., собир.* 绿色, 绿叶, 绿荫

трава 草, 青草

прыгать; прыгнуть, -ну, -нешь 跳, 跳跃

На поля́х цвету́т ро́зы, и всю́ду смею́тся цветы́. Мно́гие из них уже́ увяда́ют, но всё смо́трят в си́нее не́бо, на золото́е со́лнце. И в во́здухе, голубо́м, тёплом, ти́хо несётся ла́сковая пе́сня.

То, что краси́во – краси́во,
Да́же, когда́ увяда́ет;
То, что мы лю́бим – мы лю́бим,
Да́же, когда́ умира́ет.

| цвести́, цветёт, цвету́т; цвёл, цвела́. нсв. 开花 |
| увяда́ть; увя́нуть, увя́ну, увя́нешь. без допо́лн. 枯萎，蔫 |
| нести́сь, несу́сь, несёшься; нёсся, несла́сь. нсв. <定向>疾驰，飞驰，(消息等)散布，传播，传来 |
| мно́жество сущ. 大量，许多 |

День пришёл! До́брый день, лю́ди! Пусть в ва́шей жи́зни бу́дет мно́жество до́брых дней!

Запо́мните!

в густо́й зе́лени 在浓密的树荫里

Посло́вица

У́тро ве́чера мудре́е. 早上比晚上头脑更清楚；一日之计在于晨。

Зада́ния

I. Вы́берите отве́т, соотве́тствующий содержа́нию прочи́танного те́кста.

1. Что люби́л наблюда́ть Го́рький?
   А. Зака́т со́лнца.   Б. Рожде́ние дня.
   В. Прихо́д весны́.   Г. Восхо́д луны́.

2. Кто, по мне́нию Го́рького, явля́ется хозя́ином ми́ра?
   А. Со́лнце.   Б. Мо́ре.
   В. Челове́к.   Г. Луна́.

3. О чём забо́тится со́лнце?
   А. Что́бы всем лю́дям бы́ло хорошо́.   Б. Что́бы не́ было си́льного ве́тра.
   В. Что́бы везде́ цвели́ цветы́.   Г. Что́бы лю́дям бы́ло тепло́.

4. Кто всю жизнь украша́ет зе́млю?

24. Утро

    А. Со́лнце.   Б. Дождь.

    В. Живо́тные и пти́цы.   Г. Лю́ди.

5. О чём поётся в пе́сне?

    А. Что красота́ увяда́ет.   Б. Что любо́вь умира́ет.

    В. Что красота́ и любо́вь бессме́ртны.   Г. Что ве́тер стиха́ет.

II. Поста́вьте подчеркну́тые ли́нией слова́ в ну́жной фо́рме, употребля́я, где ну́жно предло́ги. Укажи́те ударе́ние.

1. В не́бе появля́ется пе́рвый луч со́лнца, а темнота́ но́чи ти́хо ухо́дит в го́ры, пря́таться _____ (наст.) _____ густа́я зе́лень _____ травы́.

2. Просну́лись лю́ди и иду́т на свой _____ по́ле _____, к своему́ ____ труд _____ .

3. Будь __весёлый_____ (кратк.) , __до́брый_____ (кратк.) , как одина́ково до́брое для всех со́лнце.

III. Переведи́те сле́дующие предложе́ния на кита́йский язы́к.

1. Просыпа́ются лю́ди, для кото́рых вся жизнь – труд; просыпа́ются те, кто всю жизнь украша́ет зе́млю.

2. Оно́ лу́чше всех зна́ет, как мно́го до́брого сде́лали лю́ди на земле́, есть за что люби́ть и уважа́ть их вели́кую рабо́ту.

3. На поля́х цвету́т ро́зы, и всю́ду смею́тся цветы́.

IV. Перескажи́те содержа́ние те́кста.

V. Отве́тьте на вопро́сы по-ру́сски.

1. Вам нра́вится ли́рика?

2. Что вы чита́ли из кита́йской и́ли ру́сской ли́рики? Что вы мо́жете прочита́ть по па́мяти?

Анекдо́т

    Учени́к пя́того кла́сса сдаёт в библиоте́ке то́лстую кни́гу «Ро́мео и Джулье́тта».

– Ты так бы́стро прочита́л э́ту кни́гу? – удивля́ется библиоте́карша.

– Да, я те места́, где про любо́вь, пропуска́л.

25

Скри́пка

(По Ю. Яковлеву)

Ма́льчик шёл по у́лице, а хлеб пря́тал от дождя́ под пальто́. Лю́ди спеши́ли домо́й, а он останови́лся под о́кнами музыка́льной шко́лы. Здесь у ка́ждого окна́ был свой го́лос, своя́ жизнь. Ма́льчик иска́л зву́ки скри́пки. И нашёл. Скри́пка пла́кала и смея́лась.

Вдруг к нему́ кто́-то подошёл. Он огляну́лся и уви́дел де́вочку, держа́щую в руке́ футля́р с виолонче́лью.

– Опя́ть ждёшь? – спроси́ла де́вочка.

– Никого́ я не жду.

– Непра́вда. Заче́м же здесь стоя́ть под дождём, е́сли никого́ не ждёшь?

– Я ходи́л за хле́бом, отве́тил ма́льчик. – А тепе́рь иду́ домо́й.

Де́вочка да́же не посмотре́ла на хлеб:

– Ты ждёшь Диа́ну!

– Нет...

– Ты всегда́ ждёшь Диа́ну!

Ма́льчик ничего́ не сказа́л.

– Ну тогда́ пойдём, – сказа́ла де́вочка. – Заче́м стоя́ть под дождём?

И он пошёл ря́дом с ней. Че́рез не́сколько шаго́в де́вочка сказа́ла:

– Помоги́, мне тяжело́!

Он взял у неё виолонче́ль, и ему́ ста́ло нело́вко. Каза́лось, весь го́род зна́ет, что ему́ хо́чется нести́ скри́пку, а он несёт виолонче́ль.

> пря́тать, пря́чу, пря́чешь; спря́тать. кого́-что. 藏，藏起来，躲藏
>
> скри́пка 小提琴
>
> огля́дываться; огляну́ться, -яну́сь, -я́нешься 回头看
>
> держа́ть, держу́, де́ржишь. нсв. кого́-что. 拿着，握着，扛着
>
> футля́р 匣子，套子，盒子
>
> виолонче́ль ж. 大提琴
>
> каза́ться, ка́жется; каза́лось; показа́ться, пока́жется; показа́лось. кому́. безл. 觉得好像，以为

25. Скрипка

Она сказала:

– Я часто вижу тебя около музыкальной школы.

– Я хожу за хлебом, – ответил мальчик.

– Ну да, – согласилась она и уже не говорила о Диане. – Знаешь что, пойдём ко мне! Мы будем пить чай, а я тебе сыграю что-нибудь.

Он ничего не ответил. Он подумал, как было бы хорошо, если бы вместо этой девочки рядом была Диана. Если бы это она так сказала: «Мы будем пить чай, а я тебе сыграю что-нибудь». Он нёс бы её скрипку, а потом с радостью бы слушал скучную музыку.

– Так пойдём ко мне? – спросила девочка.

– Как хочешь, сказал он.

– Вот и хорошо.

Дождь всё шёл. И правда, почему он должен стоять под окнами музыкальной школы и ждать Диану, думал мальчик. Она всегда проходит мимо, как будто никто не стоит под окнами и не ждёт её. Её не интересует, стоит он или не стоит. Есть он или его нет. А эта девочка сама зовёт его слушать музыку и пить чай.

Он вдруг стал добрым.

– Хочешь хлеба? Тёплого... – спросил он и дал ей кусок.

– Как вкусно! – сказала она. – А ты любишь музыку?

– Нет.

– Это плохо, – сказала она, – но ничего. Я научу тебя любить музыку. Хорошо?

– Хорошо.

Теперь он больше не будет слушать у окна скрипку, а будет искать голос виолончели. Надо только хорошо запомнить, какой у неё голос.

– А ты хороший мальчик, – сказала девочка.

Он тут же согласился с ней, но вдруг замолчал. Ему показалось, что это не он идёт под дождём с тяжёлой виолончелью, а кто-то другой. И этот другой никогда не стоял у музыкальной школы, у её ярких окон, у которых разные голоса. Ничего этого не было... И его самого уже нет.

Он сразу остановился, поставил виолончель к стене дома. Потом он крикнул:

– До свидания!

И побежал.

> **назад** *нареч.* 向后，往后，往回

– Куда ты? ...А как же чай? – крикнула ему девочка.

Но он не оглянулся и ничего не ответил. Он бежал назад, к музыкальной школе, к скрипке, к самому себе.

Запо́мните!

пря́тать кого́-что от дождя́ под пальто́
  把……藏到大衣下以防雨淋

идти́ под дождём с чем
  拿着（抱着，扛着等）……冒雨去

держа́ть в руке́ что
  手里提着（拿着，扛着等）……

Посло́вица

Наси́льно мил не бу́дешь. 强扭的瓜不甜。

Зада́ния

I. Вы́берите отве́т, соотве́тствующий содержа́нию прочи́танного те́кста.

1. Почему́ ма́льчик стоя́л под о́кнами музыка́льной шко́лы?

    А. Он слу́шал зву́ки инструме́нтов.

    Б. Он слу́шал зву́ки скри́пки.

    В. Он слу́шал зву́ки виолонче́ли.

    Г. Он ждал Диа́ну.

2. Како́й инструме́нт был в рука́х у де́вочки?

    А. Бараба́н.

    Б. Скри́пка.

    В. Виолонче́ль.

    Г. Бая́н.

3. Зачем де́вочка пригласи́ла ма́льчика к себе́ домо́й?

    А. Посмотре́ть телеви́зор.

    Б. Пить чай и слу́шать му́зыку.

    В. Игра́ть на виолонче́ли.

    Г. Что́бы научи́ть его́ люби́ть му́зыку.

4. Почему́ ма́льчик поста́вил виолонче́ль и верну́лся к музыка́льной шко́ле?

    А. Виолонче́ль была́ тяжёлая и он не хоте́л её нести́.

    Б. Ему́ не понра́вилась де́вочка.

    В. Он реши́л купи́ть ещё одну́ бу́лку хле́ба.

25. Скрипка

Г. Он по́нял, что он лю́бит то́лько го́лос скри́пки.

II. Переведи́те сле́дующие предложе́ния на кита́йский язы́к.

1. Он огляну́лся и уви́дел де́вочку, держа́щую в руке́ футля́р с виолонче́лью.

2. И э́тот друго́й никогда́ не стоя́л у музыка́льной шко́лы, у её я́рких о́кон, у кото́рых ра́зные голоса́.

3. Он бежа́л наза́д, к музыка́льной шко́ле, к скри́пке, к самому́ себе́.

III. Отве́тьте на вопро́сы по-ру́сски.

1. О чём э́тот текст? Что случи́лось ме́жду ма́льчиком и де́вочкой?

2. Кто в ва́шей гру́ппе уме́ет игра́ть на како́м-нибудь музыка́льном инструме́нте?

Анекдо́т

— Бу́дьте добры́, позови́те, пожа́луйста, Ва́ню.
— Ва́ни нет, он поки́нул э́тот мир.
— Он, что у́мер?
— Нет, к интерне́ту подключи́лся.

подключи́ться *св., разг.* 迷上，缠到

26

Дельфи́ны

(По Ц. Клячко́)

В Крыму́, у са́мого мо́ря, стои́т большо́й бе́лый дом. Здесь рабо́тают учёные. Они́ изуча́ют жизнь расте́ний и живо́тных Чёрного мо́ря.

Уже́ два го́да в Институ́те в большо́м широ́ком бассе́йне живу́т два дельфи́на. Я прие́хала туда́, что́бы узна́ть о жи́зни э́тих интере́сных живо́тных. Молодо́й учёный Засла́вский рассказа́л мне, что дельфи́нов зову́т Пе́тя и Ли́на. Пе́те сра́зу понра́вилась жизнь в бассе́йне. Он брал ры́бу из рук и дава́л себя́ гла́дить. А Ли́на всех боя́лась, но пото́м то́же ста́ла подплыва́ть к учёным и брать из рук ры́бу.

Пе́тя и Ли́на бы́стро ста́ли друзья́ми. Они́ ве́село игра́ли и о́чень шуме́ли во вре́мя игр. Тогда́ учёные реши́ли раздели́ть бассе́йн се́тью. Э́то о́чень не понра́вилось дельфи́нам, они́ два дня не бра́ли ры́бы. Пото́м ста́ли подплыва́ть к се́ти и разгова́ривать друг с дру́гом при по́мощи зву́ков.

— А тепе́рь идёмте, я покажу́ вам Пе́тю и Ли́ну, — сказа́л Засла́вский.

Мы пришли́ в бассе́йн. Снача́ла там никого́ не́ было. Вдруг мы уви́дели большо́го краси́вого дельфи́на.

Он услы́шал на́ши голоса́ и тепе́рь плыл к нам.

— Вот и Пе́тя, смотри́те!

Пе́тя был о́чень рад, что уви́дел

дельфи́н 海豚
бассе́йн (人工修建的)贮水池, 蓄水池; 游泳池
гла́дить, гла́жу, гла́дишь. *нсв.* кого́-что и́ли кого́ по чему́. 抚摸
сеть *ж.* (各种用途的) 网

своего́ учи́теля. Он бы́стро подплы́л к нам. Учёный стал гла́дить Пе́тю, и дельфи́ну э́то о́чень нра́вилось. Пото́м мы пошли́ знако́миться с Ли́ной, и Петя поплы́л за на́ми. Ли́на

26. Дельфины

уже́ ждала́ нас.

— Ли́на! — кри́кнул учёный, и она́ подплы́ла к нему́. Она́ была́ немно́го ме́ньше Пе́ти. Гла́дить себя́ Ли́на не дала́. Посмотре́ла на меня́ и вдруг поплыла́ наза́д.

— С хара́ктером! — улыбну́лся учёный, по́днял небольшу́ю па́лку, дал её мне, и мы пошли́ к Пе́те.

Я бро́сила па́лку в во́ду, Пе́тя поплы́л за ней — и вот па́лка уже́ у

| па́лка 木棍，杆，棒；手杖 |
| пасть ж. (兽、鱼的)嘴 |
| ударя́ть; уда́рить, -рю, -ришь. кого́-что, во что и́ли по чему́. 打，击，踢，砍 |
| хвост 尾巴 |
| подпры́гивать; подпры́гнуть, -ну, -нешь. 1. 跳跃，蹦跳 2. 蹦跳着接近 |
| бить, бью, бьёшь. кого́-что. 1. 打，揍 2. 敲打，捶，击 |
| лени́вый 懒惰的；懒洋洋的 |

Засла́вского. Пото́м учёный принёс большо́й мяч. Мы броса́ли мяч в во́ду, а Пе́тя игра́л с ним и пла́вал по всему́ бассе́йну.

— Пе́тя, отда́й мяч! — говори́т Засла́вский и берёт ры́бу. Дельфи́н бы́стро плывёт к нему́.

— Молоде́ц! — говори́т учёный. — Получа́й ры́бу.

Пе́тя пры́гает и бы́стро ло́вит ры́бу.

— Как соба́ки! — удиви́лась я.

Я гла́жу Пе́тю и ви́жу, как э́то ему́ нра́вится.

Вдруг Засла́вский положи́л ру́ку в пасть дельфи́на. Я испуга́лась. Когда́ дельфи́н лови́л ры́бу, я ви́дела его́ больши́е зу́бы. Но Пе́тя взял ру́ку учёного о́чень осторо́жно. Всё э́то вре́мя Ли́на пла́вала у се́ти и внима́тельно смотре́ла на нас. Иногда́ она́ ударя́ла по воде́ хвосто́м, хоте́ла, что́бы мы на неё посмотре́ли.

«Наве́рное, она́ то́же хо́чет поигра́ть с на́ми, — поду́мала я, подошла́ к ней, подняла́ ру́ку и показа́ла ры́бу: — Проси́, Ли́на!»

Ли́на продолжа́ла пла́вать. Но когда́ подошёл Засла́вский, взял у меня́ ры́бу и сказа́л Ли́не «Проси́!» — она́ бы́стро подплы́ла к нам, подпры́гнула и пойма́ла ры́бу.

— Мне ка́жется, дельфи́ны во мно́гом похо́жи на ребя́т, — сказа́л учёный, — они́ то́же «наро́д весёлый», лю́бят игра́ть. Они́ о́чень живы́е, лю́бят занима́ться с на́ми. Мы изуча́ем поведе́ние дельфи́нов, их зву́ки, при по́мощи кото́рых они́ не то́лько «разгова́ривают», но и узнаю́т, како́й предме́т пе́ред ни́ми, большо́й и́ли ма́ленький.

Дельфи́ны о́чень у́мные и понима́ют, что мы им говори́м. Мы даём им тру́дные зада́ния, над кото́рыми на́до ду́мать. Когда́ Ли́на не мо́жет пра́вильно реши́ть зада́чу, она́ о́чень волну́ется, бьёт по воде́ хвосто́м. А у Пе́ти друго́й хара́ктер. Он никогда́ не волну́ется, да́же когда́ не мо́жет реши́ть зада́чу. Пе́тя то́же у́мный, но лени́вый, не любит думать до конца. Но очень любит, когда его гладят.

Скоро я опять пришла в Институт и увидела, что дельфины плавают в одном бассейне.

— Я вижу, они снова вместе, — сказала я. — Зачем тогда сеть?

Заславский улыбнулся:

— Дельфины оказались очень

> тянуть, тяну, тянешь. нсв. что 拖，拉，牵

умными. Утром, на другой день после того, как мы разделили их сетью, они плавали вместе. Мы удивились: «Как же Петя приплыл к Лине?» И опять разделили их. А на другое утро мы опять увидели Петю у Лины. Тогда мы решили узнать, как он это делает. Вечером, когда все пошли домой, один из учёных остался в бассейне. Он стоял очень тихо, так, чтобы дельфины не могли его видеть. Он ждал... Сначала Петя и Лина плавали отдельно. Вдруг они поплыли к сети. Лина стала сильно тянуть сеть вниз. А Петя высоко подпрыгнул – и вот он уже у Лины. Они часто делают так, когда хотят играть вместе.

Петя и Лина мне очень понравились, и я часто их вспоминаю.

Комментарий

Крым 克里木，克里米亚 — полуостров на северном берегу Чёрного моря. Одна из областей Украины.

Запомните!

у самого моря 紧靠海边
разделить бассейн сетью 用网把水池隔开
бросить палку в воду 把棍子扔进水里
плавать по всему бассейну
　在整个水池里游来游去

бить (ударять) по воде хвостом
　用尾巴拍打水
после того(,) как... 在……之后
на другое утро 第二天早晨

Пословица

> Поспешишь, людей насмешишь. 急急忙忙，招人笑断肠；急急忙忙，让人笑话。

26. Дельфины

Задания

I. Выберите ответ, соответствующий содержанию прочитанного текста.

1. Где изучают учёные жизнь дельфинов?

   А. На Дальнем Востоке.

   Б. В Хабаровске.

   В. В Крыму у моря.

   Г. В лаборатории.

2. Как относятся дельфины к учёным?

   А. Они боятся учёных.

   Б. Они нападают на учёных.

   В. Они считают учёных своими друзьями.

   Г. Они не подпускают учёных близко к себе.

3. Как вели себя дельфины, когда бассейн разделили сетью?

   А. Они были в восторге.

   Б. Они обиделись и 2 дня не брали рыбы.

   В. Им это было безразлично.

   Г. Они ни как не реагировали на это.

4. Что делают учёные, когда дельфины выполняют их приказания?

   А. Говорят им спасибо.

   Б. Дают им конфеты.

   В. Награждают их рыбой.

   Г. Аплодируют.

5. Кто из двух дельфинов смелее и дружелюбнее?

   А. Петя.

   Б. Лина.

   В. Оба дельфины смелые.

   Г. Оба дельфины трусливые.

6. На кого похожи дельфины по своему поведению?

   А. На стариков.

   Б. На спортсменов.

   В. На детей.

   Г. На артистов.

7. Благодаря́ чему́ дельфи́ны сно́ва пла́вали вме́сте?

    А. Разреше́нию учёных.

    Б. Невнима́тельности учёных.

    В. Благодаря́ случа́йности.

    Г. Благодаря́ своему́ уму́.

II. Поста́вьте подчеркну́тые ли́нией слова́ в ну́жной фо́рме, употребля́я, где ну́жно предло́ги. Укажи́те ударе́ние.

1. Вдруг Засла́вский положи́л ру́ку ____пасть____ дельфи́на.

2. Я ____гла́дить____ Пе́тю и ви́жу, как э́то ____он____ нра́вится.

3. ____Я____ ка́жется, дельфи́ны ____мно́гое____ похо́жи ____ребя́та____, – сказа́л учёный.

4. Дельфи́ны оказа́лись о́чень ____у́мные____ .

III. Переведи́те сле́дующие предложе́ния на кита́йский язы́к.

1. Он брал ры́бу из рук и дава́л себя́ гла́дить.

2. Гла́дить себя́ Ли́на не дала́. Посмотре́ла на меня́ и вдруг поплы́ла наза́д.

3. Мы даём им тру́дные зада́ния, над кото́рыми на́до ду́мать.

4. Утром, на друго́й день по́сле того́, как мы раздели́ли их се́тью, они́ пла́вали вме́сте.

IV. Перескажи́те содержа́ние те́кста за 3–4 мину́ты.

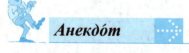

Анекдо́т

Меня́ укуси́ла ва́ша соба́ка! Я тре́бую компенса́ции!

– Ра́ди Бо́га! Я её сейча́с поддержу́, а вы – куса́йте!

> укуси́ть *св.* кого́-что. 咬伤，蜇伤
> подержа́ть *св.* кого́-что. 拴住，勒住

27

Несколько слов о русском языке

Многие люди в разных странах думают, что русский язык – самый трудный в мире. Другие говорят, что самый трудный язык – японский, а русский находится на втором или третьем месте. Несколько лет назад в нашем университете был один иностранный журналист. Он сидел на уроках, слушал плёнку в фонетической лаборатории, видел, как занимаются студенты, а когда вернулся

на родину, написал у себя в газете: «Говорить по-русски могут только русские. Подумайте сами, в английском слове хэлло (hello) пять букв, а сколько их в русском слове здра-вствуй-те! Ни один иностранец не может произнести это слово».

Когда я рассказал об этом на уроке, мои студенты засмеялись. Они забыли, что месяц назад на каждом уроке сами повторяли: «Сергей Петрович, это трудно!»

Конечно, русская грамматика – не лёгкая: у нас шесть падежей, много правил и ещё больше исключений. Трудно привыкнуть к тому, что окончания в русском языке изменяются. Но трудно – это не значит невозможно. Я не помню ни одного студента в своих группах, который не мог выучить русский язык.

Когда мои новые студенты поняли, что русские окончания изменяются, они долго молчали. Потом Мария спросила:

– А можно говорить без окончания?

Я объяснил, что без окончаний говорить по-русски нельзя: никто вас не поймёт.

– В других языках есть только одно слово «Москва», – сказал Мигель. – А в русском языке – шесть:

плёнка	磁带；胶片，底片
исключение	例外

«Москва́, Москвы́, Москве́, Москву́, Москво́й и ещё раз Москве́».

Ни́кос сказа́л:

— В гре́ческом языке́ оконча́ния то́же изменя́ются. Я уже́ привы́к.

А Ахме́д спроси́л:

— Кто написа́л ру́сскую грамма́тику?

Я отве́тил ему́, что пе́рвую ру́сскую грамма́тику написа́л вели́кий ру́сский учёный Михаи́л Васи́льевич Ломоно́сов, и э́то бы́ло в восемна́дцатом ве́ке.

— А тогда́ оконча́ния изменя́лись?

— Изменя́лись.

гре́ческий 希腊的

— Зна́чит, на́до учи́ть, ничего́ не поде́лаешь, — сказа́л Ахме́д.

Запо́мните!

в фонети́ческой лаборато́рии 在语音室   Ничего́ не поде́лаешь. 毫无办法；只好如此。

Посло́вица

Пе́рвый блин ко́мом. 万事开头难。

Зада́ния

I. Вы́берите отве́т, соотве́тствующий содержа́нию прочи́танного те́кста.

1. Как вы ду́маете, кто а́втор те́кста?

    А. Преподава́тель-иностра́нец.

    Б. Журнали́ст-иностра́нец.

    В. Иностра́нный студе́нт.

    Г. Преподава́тель ру́сского языка́ в Росси́и.

2. Како́й язы́к са́мый тру́дный в ми́ре?

    А. Ру́сский язы́к.   Б. Япо́нский язы́к.

    В. Кита́йский язы́к.   Г. Англи́йский язы́к.

3. Почему́ ру́сский язы́к тру́дный?

27. Несколько слов о русском языке

А. Потому что в русском языке очень много разных правил.

Б. Потому что окончания его слов изменяются.

В. Потому что много исключений в грамматических правилах.

Г. Потому что в русском языке есть шесть падежей.

4. Можно ли говорить по-русски без окончаний?

А. Можно, конечно, если ты не умеешь склонять слова.

Б. Можно, потому что иностранцы иногда говорят без окончаний.

В. Нельзя, вас не поймут.

Г. Нельзя, потому что раньше люди так изменяли окончания.

5. Кто и когда написал первую русскую грамматику?

А. Кирилл и Мефодий в 9 веке.   Б. М. В. Ломоносов в 18 веке.

В. А. С. Пушкин в 19 веке.   Г. Юрий Долгорукий в 12 веке.

II. Поставьте подчеркнутые линией слова в нужной форме, употребляя, где нужно предлоги. Укажите ударение.

1. У нас шесть ___падеж___ , много ___правило___ и ещё больше ___исключение___ .

2. Трудно привыкнуть ___то___ , что окочания в русском языке ___изменяться___ .

III. Переведите следующие предложения на китайский язык.

1. Ни один иностранец не может произнести это слово.

2. Я не помню ни одного студента в своих группах, который не мог выучить русский язык.

3. Значит, надо учить, ничего не поделаешь, – сказал Ахмед.

IV. Ответьте на вопросы по-русски.

1. Как вам даётся русский язык?

2. Как вы учите русский язык?

3. Сколько времени ежедневно вы тратите на русский язык?

Анекдот

– Папа, купи мне барабан!

– Но ты будешь играть на нём и мешать мне работать.

– Нет, папа! Я буду играть, когда ты будешь спать.

28

Ру́сский язы́к

Ру́сский язы́к – э́то язы́к ру́сского наро́да, сре́дство межнациона́льного обще́ния наро́дов СНГ. Он принадлежи́т к числу́ наибо́лее распространённых языко́в ми́ра и явля́ется одни́м из шести́ официа́льных и рабо́чих языко́в ООН. Число́ говоря́щих на ру́сском языке́ в СНГ – свы́ше 180 миллио́нов челове́к, а число́ изуча́ющих ру́сский язы́к за преде́лами СНГ составля́ет бо́лее 20 миллио́нов челове́к, кото́рые живу́т в 87 стра́нах ми́ра.

Ру́сский язы́к отно́сится к восто́чной гру́ппе славя́нских языко́в. Он возни́к на осно́ве древнеру́сского языка́, кото́рый существова́л до 14 ве́ка.

Ру́сский язы́к, как и любо́й друго́й, име́ет три основны́е ча́сти: слова́рь, слова́рный соста́в; граммати́ческий строй; зву́ки ре́чи, звукову́ю систе́му в це́лом. Ру́сский язы́к явля́ется одни́м из развиты́х языко́в ми́ра, на нём напи́сана богате́йшая литерату́ра, отражены́ истори́ческий о́пыт ру́сского наро́да и достиже́ния всего́ челове́чества.

Изуча́йте ру́сский язы́к! Ру́сский язы́к – «вели́кий, могу́чий, правди́вый и свобо́дный», как сказа́л изве́стный ру́сский писа́тель И. С. Турге́нев.

наро́д *собир.* 人民；民族
принадлежа́ть, -жу́, -жи́шь. *нсв.* к кому́-чему́. 属于……之列
распространённый
  通行的，通用的，普及的
относи́ться, -ношу́сь, -но́сишься. *нсв.* к чему́. 属于……之列
развито́й 发达的
отража́ть; отрази́ть, -ажу́, -ази́шь. -аженный (-ён, -ена́). кого́-что. 反映
правди́вый 真实的；讲真话的

28. Русский язык

Комментарии

1. СНГ [эс-эн-гэ] — Содружество независимых государств 独联体
2. ООН [оон] — Организация Объединённых Наций 联合国

Запомните!

принадлежать к числу кого-чего 属于……
   之列，是……的一员，是……之一

возникать на основе чего
   在……的基础上产生

словарный состав 词汇

звуки речи 语音

грамматический строй 语法结构，语法体系

звуковая система 语音体系

Пословицы

Меньше говори, да больше делай. 少说多做。

Не спеши языком, торопись делом. 少说话，快做事。

Задания

I. Выберите ответ, соответствующий содержанию прочитанного текста.

1. Где русский язык является средством межнационального общения?

   А. В СССР.   Б. В Азии.

   В. В России.   Г. В СНГ.

2. Сколько официальных и рабочих языков в ООН?

   А. Четыре.   Б. Пять.

   В. Семь.   Г. Шесть.

3. К какой группе языков относится русский язык?

   А. К группе германских языков.

   Б. К группе славянских языков.

   В. К группе романских языков.

   Г. К группе тюркских языков.

4. Почему русский язык считается одним из развитых языков мира?

   А. Потому что на нём говорил В. И. Ленин.

   Б. Потому что это один из древнейших языков мира.

В. Потому́ что э́то рабо́чий язы́к ООН.

Г. Потому́ что э́то язы́к богате́йшей ру́сской литерату́ры и исто́рии.

5. Где, когда́ и каки́е бы́вшие респу́блики СССР подписа́ли соглаше́ние о созда́нии СНГ?

    А. В Ки́еве в 1990 году́ Росси́я, Белору́ссия и Казахста́н.

    Б. В Ми́нске в 1991 году́ Росси́я, Белору́ссия и Украи́на.

    В. В Москве́ в 1992 году́ Росси́я, Белору́ссия и Украи́на.

    Г. В Петербу́рге в 1993 году́ Росси́я, Украи́на и Азербайджа́н.

6. Ско́лько бы́вших респу́блик присоедини́лось к СНГ?

    А. 9.   Б. 10.

    В. 11.   Г. 12.

7. Каки́е бы́вшие респу́блики не присоединя́лись к СНГ?

    А. Литва́, Эсто́ния, Гру́зия.

    Б. Литва́, Эсто́ния, Молда́вия, Ла́твия.

    В. Литва́, Эсто́ния, Ла́твия.

    Г. Литва́, Азербайджа́н, Гру́зия.

II. Поста́вьте подчеркну́тые ли́нией слова́ в ну́жной фо́рме, употребля́я, где ну́жно предло́ги. Укажи́те ударе́ние.

Число́ __говори́ть__ (*прич.*) на ру́сском языке́ в СНГ – свы́ше 180 миллио́нов челове́к, а число́ __изуча́ть__ (*прич.*) ру́сский язы́к за __преде́лы__ СНГ составля́ет бо́лее 20 миллио́нов челове́к, кото́рые живу́т в 87 стра́нах ми́ра.

III. Переведи́те сле́дующие предложе́ния на кита́йский язы́к.

1. Ру́сский язы́к – э́то язы́к ру́сского наро́да, сре́дство межнациона́льного обще́ния наро́дов СНГ.

2. Ру́сский язы́к отно́сится к восто́чной гру́ппе славя́нских языко́в.

3. Ру́сский язы́к явля́ется одни́м из развиты́х языко́в ми́ра, на нём напи́сана богате́йшая литерату́ра, отражены́ истори́ческий о́пыт ру́сского наро́да и достиже́ния всего́ челове́чества.

IV. Отве́тьте на вопро́сы по-ру́сски.

1. Что вы узна́ли из те́кста о ру́сском языке́?

2. Как вы ду́маете, когда́ кита́йским специали́стам-русси́стам бы́ло ле́гче найти́

28. Русский язык

работу: тепе́рь и́ли 10 лет наза́д? Почему́?

Анекдо́т

Пассажи́р по́езда:

— Проводни́к, у вас мо́жно кури́ть?

— Нет!

— Тогда́ отку́да взяли́сь э́ти оку́рки?

— От тех, кто не задаёт вопро́сов.

| проводни́к 列车员 |
| оку́рок 烟头 |

29

Изучайте иностранные языки!

Однажды, когда я был в Венгрии, я познакомился с одной знаменитой женщиной, которую зовут Като Ломб. Если вы думаете, что я был неправ, когда назвал эту женщину знаменитой, то вы ошибаетесь. Я сидел в её квартире и смотрел на словари, лежавшие на столе и стоявшие на полке. Эта женщина работает переводчицей. Она знает 16 языков.

— Восемь языков я знаю активно, а восемь пассивно, — говорит она.

Когда она говорит, что знает язык пассивно, это значит, что она может переводить с этого языка на родной язык, венгерский. Она знает активно французский, английский, испанский, немецкий, китайский, японский, а пассивно — латинский, румынский, польский, болгарский и другие языки.

Като изучала в школе два языка: французский и латинский. Китайский язык она изучала с учительницей, а все остальные языки она изучила самостоятельно.

— На каких языках вы работаете больше всего?

— Пожалуй, на английском.

— Это ваш любимый язык?

— Нет, мой самый любимый язык — русский. Это язык, у которого самая чёткая и сложная структура, это самый красивый язык.

Като говорит по-русски правильно, без грамматических ошибок, иногда только

Венгрия	匈牙利
пассивно *нареч.*	消极地，被动地
венгерский	匈牙利的
испанский	西班牙的
румынский	罗马尼亚的
польский	波兰的
болгарский	保加利亚的

29. Изучайте иностранные языки!

делает неправильное ударение.

– Наверное, очень трудно, когда вы должны переходить с одного языка на другой, когда вы должны говорить на разных языках.

– Да, но у меня есть свой метод. Обычно я всегда знаю, на каком языке я буду работать. Например, в среду я буду работать на английском языке. Всю неделю, когда я буду гулять, я буду думать на английском языке и писать на этом языке.

– А что вы пишете?

– Я пишу дневник. Это помогает мне переходить на другой язык.

– Вы, конечно, встречали много людей и переводили их беседы, разговоры. Какие из них были самыми интересными?

– Вы задали мне трудный вопрос. Было очень много таких бесед. Пожалуй, самая интересная беседа, которую я переводила – это была беседа известных учёных: советского академика А. И. Опарина с английским учёным Джоном Бёрналом.

– Об этом вы тоже писали в вашем дневнике?

– Да, конечно.

– И на русском языке?

– О! Это обязательно. Я была во многих странах и встречалась с различными людьми. Я думаю, что сейчас знание языков как никогда важно. Мир на земле не может быть без понимания друг друга, без встреч, без понимания и знания различных культур. Чтобы понимать друг друга, мы должны знать языки.

А сейчас я хочу рассказать об одном случае. Когда я работала в Москве на Всемирном конгрессе мира, однажды вечером я ужинала в ресторане. Вместе со мной сидели англичанин, болгарин, немка. И вы знаете, у нас был общий язык, русский язык, на котором мы говорили. Как приятно разговаривать без переводчиков!

Като Ломб – человек, который не только любит свою работу, но и увлекается ею. Она подарила мне книгу, написанную ею. Она называется «Как я выучила 16 языков». Като Ломб любит литературу, много читает, занимается спортом. Она катается

метод 方法

дневник, -а́; *мн.* -и́ 日记

академик 院士

конгресс (多指国际性的) 代表大会

англичанин *м.* (**англичанка** *ж.*; **англичане,** -а́н *мн.*) 英国人, 英格兰人

болгарин *м.* (**болгарка** *ж.*; **болгары,** -га́р *мн.*) 保加利人

немка *ж.* (**немец** *м.*; **немцы,** -ев *мн.*) 德国人

на лы́жах, пла́вает, занима́ется гимна́стикой.

Я спроси́л Ка́то, как она́ изуча́ет иностра́нные языки́. Она́ сказа́ла:

— Что́бы хорошо́ знать язы́к, ну́жно занима́ться ка́ждый день, не ме́ньше, чем 12 часо́в ка́ждую неде́лю. Хорошо́ занима́ться у́тром. Челове́к до́лжен испо́льзовать всё, что даёт совреме́нная те́хника: кино́, магнитофо́н, телеви́зор. На́до слу́шать, чита́ть, говори́ть. Éсли челове́к зна́ет сего́дня одно́ сло́во, он до́лжен стара́ться сказа́ть его́, испо́льзовать его́ и не боя́ться оши́бок. Я ду́маю, что когда́ мы изуча́ем язы́к, мы должны́ сказа́ть себе́, что мы мо́жем изучи́ть язы́к. Чтобы изучи́ть язы́к, ну́жно то́лько большо́е жела́ние знать его́. Я не встреча́ла ни одного́ челове́ка, кото́рый не мог вы́учить язык.

> гимна́стика 体操
> испо́льзовать, -зую, -зуешь. нсв. и св. кого-что. 利用, 运用

Запо́мните!

рабо́тать, ду́мать на како́м языке́
　用某种语言工作，思考
говори́ть, писа́ть на како́м языке́
　说、写某种语言
де́лать непра́вильное ударе́ние 出现重音错误

переходи́ть с одного́ языка́ на друго́й
　从一种语言转换到另一种语言
как никогда́ 从来没有这样
переводи́ть с како́го языка́ на родно́й язы́к
　把某种语言译成母语

Посло́вица

На (вся́кое) хоте́нье есть терпе́нье. 万事都得有耐心。

Зада́ния

I. Вы́берите отве́т, соотве́тствующий содержа́нию прочи́танного те́кста.

1. Почему́ а́втор счита́ет Ломб знамени́той же́нщиной?

　　А. Она́ изве́стный телеведу́щий.

　　Б. Она́ европе́йская краса́вица.

　　В. Она́ зна́ет 16 языко́в.

　　Г. У неё необы́чное и́мя.

2. Что зна́чит знать язы́к пасси́вно?

　　А. Узнава́ть не́которые слова́.

29. Изучайте иностранные языки!

    Б. Уме́ть испо́льзовать слова́рь.

    В. Говори́ть на э́том языке́.

    Г. Переводи́ть с э́того языка́ на родно́й язы́к.

3. Ско́лько языко́в Ломб изуча́ла самостоя́тельно?

    А. 8.   Б. 3.

    В. 16.   Г. 13.

4. На каки́х языка́х она́ рабо́тает бо́льше всего́?

    А. На ру́сском.   Б. На англи́йском.

    В. На кита́йском.   Г. На испа́нском.

5. Како́й язы́к Ломб счита́ет са́мым краси́вым?

    А. Кита́йский.   Б. Ру́сский.

    В. Япо́нский.   Г. Неме́цкий.

6. Как Ломб перехо́дит с одного́ языка́ на друго́й?

    А. Це́лую неде́лю ду́мает и пи́шет на э́том языке́.

    Б. Чита́ет кни́ги на э́том языке́.

    В. Бесе́дует с людьми́ на э́том языке́.

    Г. Слу́шает переда́чи по ра́дио на э́том языке́.

7. Встре́чу каки́х люде́й Ломб счита́ет са́мой интере́сной?

    А. Пу́тина с Оба́мой.

    Б. Ху Цзинта́о с Медве́девым.

    В. Акаде́мика Опа́рина с англи́йским учёным Бе́рналом.

    Г. Ю́рия Гага́рина с Ма́о Цзеду́ном.

8. Как Ломб изуча́ет иностра́нные языки́?

    А. Чита́ет кни́ги на иностра́нном языке́.

    Б. Испо́льзует те́хнику: кино́, магнитофо́н, телеви́зор.

    В. Ежедне́вно бесе́дует с иностра́нцами.

    Г. Занима́ется не ме́ньше чем 12 часо́в в неде́лю.

II. Поста́вьте подчеркну́тые ли́нией слова́ в ну́жной фо́рме, употребля́я, где ну́жно предло́ги. Укажи́те ударе́ние.

1. Одна́жды, когда́ я был <u>Ве́нгрия</u>, я познако́мился _____ <u>одна́ знамени́тая же́нщина</u>_____, _____<u>кото́рая</u>_____ зову́т Ка́то Ломб.

2. Е́сли вы ду́маете, что я был непра́в, когда́ назва́л _____<u>э́та же́нщина</u>

___знамени́тая___ , то вы ошиба́етесь.

3. Мир на земле́ не мо́жет быть без ___понима́ние___ друг ___дру́г___, без ___встре́чи___ , без ___понима́ние___ и зна́ние ___разли́чные культу́ры___ .

III. Переведи́те сле́дующие предложе́ния на кита́йский язы́к.

1. Я сиде́л в её кварти́ре и смотре́л на словари́, лежа́вшие на столе́ и стоя́вшие на по́лке.

2. На каки́х языка́х вы рабо́таете бо́льше всего́?

3. Я ду́маю, что сейча́с зна́ние языко́в как никогда́ ва́жно.

4. Как прия́тно разгова́ривать без перево́дчиков!

5. Что́бы изучи́ть язы́к, ну́жно то́лько большо́е жела́ние знать его́.

IV. Отве́тьте на вопро́сы по-ру́сски.

1. Как вы ду́маете, что лу́чше: немно́го знать не́сколько иностра́нных языко́в и́ли хорошо́ знать то́лько оди́н иностра́нный язы́к?

2. Уже́ второ́й семе́стр вы у́чите ру́сский язы́к. Вы его́ лю́бите и́ли нет? Почему́?

3. Как вы вы́брали ру́сский язы́к свое́й специа́льностью?

Зна́ете ли вы, что:

Е́сли вы хоти́те получи́ть образова́ние в Росси́и, хоти́те овладе́ть ру́сским языко́м, то вы должны́ им мно́го занима́ться. Вы должны́ ка́ждый день слу́шать звукоза́пись, и́ли лу́чше, коне́чно, росси́йское ра́дио, смотре́ть фи́льмы на ру́сском языке́ и пыта́ться поня́ть, о чём говори́тся на кассе́те и́ли в теле-радиопрогра́ммах. Вы должны́ чита́ть ру́сские газе́ты и журна́лы. Не лени́тесь рабо́тать со словарём! Е́сли вы хоти́те хорошо́ изучи́ть язы́к, то без словаря́ вы не смо́жете э́того сде́лать.

Ка́ждый день говори́те по-ру́сски ме́жду собо́й и с ру́сскими людьми́. Не стра́шно, е́сли они́ иногда́ не понима́ют вас. Попро́буйте вы́разить свою́ мысль други́ми слова́ми.

Заста́вьте себя́ ду́мать на ру́сском языке́. Мы́сленно переводи́те с родно́го языка́ на ру́сский и с ру́сского на родно́й слова́ и предложе́ния.

В изуче́нии языка́ гла́вное – регуля́рность. Ка́ждый день учи́те но́вые слова́, кото́рые вы слы́шите в разгово́ре и́ли встреча́ете в те́кстах. Не лени́тесь запи́сывать их в тетра́дь.

30

Как я разговаривал по-русски без переводчика

Когда я первый раз приехал в Россию, я не знал русского языка. Даже больше: я не помню, слышал ли я когда-нибудь раньше русскую речь. Я знал, что «да» значит yes, «нет» – no. И это было всё.

Первый мой разговор по-русски был очень короткий.

Наш самолёт сделал последний круг над аэродромом и сел. Мы вышли из самолёта, спустились на землю и пошли к зданию аэродрома. В это время ко мне подошёл служащий и коротко сказал: «Паспорт». Я достал из кармана паспорт. На этом разговор закончился.

Мне показалось, что русский язык очень похож на английский, надо только уметь правильно произносить звук «р». В действительности всё было намного сложнее.

В тот раз я был в Москве только две недели. Мне дали переводчика. Я привык слушать голос своего собеседника, его интонацию, а тут я ничего не слышал, а только ждал, что скажет мой переводчик.

Когда я вернулся в Нью-Йорк, я твёрдо решил: разговаривать с русскими без переводчика и по-русски. Я начал настойчиво изучать русский язык, и так настойчиво, что даже немного

аэродром 机场，飞机场
служащий *сущ.* 职员
спуска́ться; спусти́ться, спущу́сь, спу́стишься
  降，落，下
действи́тельность *ж.* 现实；实际情况

испугал своего преподавателя. Я учил многочисленные окончания русских глаголов, окончания падежей, которых нет в английском языке. Это можно было сравнить с двенадцатичасовой работой крестьянина в поле. Помню, как я чуть не падал от усталости, когда выучил следующий текст:

«Я вышел из дома и пешком дошёл по улице до парка, куда вошёл через ворота, потом перешёл через мост и прошёл мимо маленького дома, куда зашёл на минуту и, когда вышел обратно, встретил моего друга, вместе с которым мы пошли на станцию, где я сел на поезд и уехал».

Это «маленькое» предложение я учил по-русски наизусть: все эти «пошёл», «вышел», «дошёл», «вошёл», «перешёл», «зашёл». Я даже повторял их ночью во сне. Но в конце концов всё-таки забыл процентов девяносто из этого текста.

Когда я приехал в Москву в следующий раз, у меня в голове осталось процентов десять.

Мои московские друзья восхищались таким прогрессом.

– Я умею говорить по-русски, – уверенно говорил я. – Правда, у меня ещё небольшой запас слов, но его достаточно. Я хотел бы знать больше и узнал бы больше, если бы у меня было время, но вы увидите: всё будет хорошо.

Эту сложнейшую фразу я произнёс по-русски в гостях у моих друзей. Надо ли объяснять, что её я тоже выучил наизусть.

Друзья горячо поздравляли меня с победой. Я часто повторял: «Благодарю вас», «Благодарю вас», чтобы никто не заметил моих многочисленных ошибок. И в эти минуты я очень гордился своими успехами. Дальше мои дела пошли удивительно успешно.

Когда я спускался со второго этажа по лестнице, навстречу мне шёл служащий гостиницы. «Здравствуйте», – сказал он. «Здравствуйте», – ответил я. Я вышел из гостиницы, какой-то человек остановил меня и спросил, где улица Тверская. Я сказал: «Вот!» (улица Тверская

> **восхищаться; восхититься, -ищусь,-итишься.** кем-чем. 赞叹，赞赏，赞美，钦佩
> **прогресс** 进步
> **киоск** 售货亭
> **сигарета** 香烟
> **стоить, стоит, стоят. что.** 价值是，值多少钱
> **нечаянно нареч.** 无意地

находилась как раз напротив меня) – и показал пальцем. Потом я подошёл к киоску и узнал, что мои сигареты стоят десять рублей. Я заплатил. Когда я переходил через улицу, какой-то мужчина, который шёл рядом со мной, нечаянно толкнул меня и сейчас

30. Как я разговаривал по-русски без переводчика

же сказа́л: «Извини́те». Я отве́тил: «Пожа́луйста».

Здесь ну́жно немно́го сказа́ть о значе́нии ру́сских слов. Е́сли ру́сское «пожа́луйста» перевести́ на англи́йский язы́к как please, то по-англи́йски э́то бу́дет зна́чит, что вы приглаша́ете челове́ка, кото́рый вас толкну́л, повтори́ть э́то ещё раз и продолжа́ть толка́ть, ско́лько он хо́чет. Но я уже́ знал, что мужчи́на не сде́лает э́того: мне уже́ бы́ли изве́стны осо́бенности ру́сской ре́чи!

> толка́ть; толкну́ть, -ну́, -нёшь *св., однокр.* кого́-что. 推，碰，撞

Запо́мните!

де́лать круг над аэродро́мом
   在机场上空盘旋一圈

в тот раз 那时候

спусти́ться на зе́млю 降落到地面

в действи́тельности 实际上，事实上

па́дать от уста́лости 累倒

в конце́ концо́в 终于，最后

запа́с слов 词汇量

спуска́ться со второ́го этажа́ по ле́стнице
   从二楼下来

Посло́вица

Что пра́вда, то пра́вда. 千真万确；确确实实。

Зада́ния

I. Вы́берите отве́т, соотве́тствующий содержа́нию прочи́танного те́кста.

1. Как знал а́втор ру́сский язы́к при пе́рвом прие́зде в Росси́ю?

   А. Знал о́чень хорошо́.

   Б. Уме́л чита́ть и переводи́ть со словарём.

   В. Не знал ни одного́ сло́ва.

   Г. Знал то́лько не́сколько слов.

2. Что реши́л а́втор, верну́вшись в Нью-Йо́рк?

   А. Бо́льше не изуча́ть ру́сский язы́к.   Б. Обща́ться с ру́сскими.

   В. Разгова́ривать без перево́дчика.   Г. Бо́льше не е́здить в Росси́ю.

3. Как а́втор изуча́л ру́сский язы́к?

   А. По полчаса́ в день.   Б. По ча́су 2 ра́за в неде́лю.

   В. Не регуля́рно.   Г. Как крестья́нин, по 12 часо́в в день.

4. Как отнеслись к успехам автора его русские друзья?

  А. Смеялись над ним.   Б. Ободрили его.

  В. Сочувствовали ему.   Г. Восхитились его прогрессом.

5. Как общался автор с русскими во время второго приезда?

  А. Снова ничего не понимал.

  Б. Говорил прекрасно по-русски.

  В. Разговаривал только жестами.

  Г. Понимал простые фразы и мог правильно вести себя в простых ситуациях.

II. Поставьте подчеркнутые линией слова в нужной форме, употребляя, где нужно предлоги. Укажите ударение.

1. Я даже повторял их ночью ____сон____ .

2. ____Эта сложнейшая фраза____ я произнёс по-русски ____гости____ у ____мои друзья____ .

3. Друзья горячо поздравляли __я__ ____победа____ .

III. Переведите следующие предложения на китайский язык.

1. Это можно было сравнить с двенадцатичасовой работой крестьянина в поле.

2. Но в конце концов всё-таки забыл процентов девяносто из этого текста.

3. Мне уже были известны особенности русской речи!

IV. Ответьте на вопросы по-русски.

1. Вам понравился русский язык?

2. Как вам кажется, вы уже знаете хороший метод изучения русского языка?

3. Что вы можете посоветовать друг другу о методах изучения русского языка?

Анекдот

Благосостояние нашей семьи в этом году выросло в 2 раза.

Раньше мы заваривали один пакетик чая на двоих, а теперь – каждый свой.

> благосостояние 富裕生活
> заваривать нсв. что. 泡, 煮

31

Человек и растения

Вся наша жизнь тесно связана с природой. Дышим мы воздухом, пьём воду. Из земли добываем полезные ископаемые, на полях выращиваем урожай. Велико значение и леса в нашей жизни. Природа даёт нам всё необходимое для жизни.

Трудно представить себе нашу жизнь без растений, этих зелёных друзей человека, одевающих и кормящих его. Жизнь человека во многом зависит от этих зелёных друзей. Если бы на земле не было растений, погибли бы все люди и животные. Ведь люди не могут жить без еды, без одежды.

Каждый день мы садимся за стол обедать. Наша пища большей частью состоит из растений. Все любят свежие овощи и различные фрукты. И хлеб, и овощи, и фрукты ... всё это – растения.

Хлеб кормит человека, даёт ему силы для жизни и работы. Но немало труда приходится затратить человеку, чтобы вырастить хлеб. В хлебе – труд, знания и заботы многих поколений.

Одежда также всегда необходима человеку. Летом она защищает от солнца, а зимой греет. Одежду шьют из материи, сделанной из хлопка, других растений и искусственных волокон.

Чтобы строить дома, мосты, железные дороги, заводы, нужно дерево. Деревья имеют большое значение для жизни людей, для жизни других растений на земле.

> греть, грею, греешь. нсв. что или без дополн. 保暖，御寒；使温暖，烧热
> материя 布匹，织物
> волокно мн. -окна, -окон 纤维

113

Они́ очища́ют окружа́ющий нас во́здух, заде́рживают и отдаю́т вла́гу поля́м, спаса́ют урожа́й от за́сухи.

Сло́вом, в на́шей жи́зни на ка́ждом шагу́ мы встреча́емся с расте́ниями, принося́щими нам большу́ю по́льзу.

Но расте́ния не сра́зу ста́ли на́шими друзья́ми. Лю́дям пришло́сь до́лго боро́ться с приро́дой. И еди́нственным ору́жием был труд – упо́рный труд мно́гих поколе́ний. Труд помо́г лю́дям проникнуть в та́йны приро́ды и стать хозя́евами зелёного ми́ра.

В на́шей стране́ идёт огро́мная рабо́та по преобразова́нию приро́ды: мы охраня́ем ста́рые леса́, сажа́ем но́вые, ороша́ем пусты́ни и превраща́ем их в плодоро́дные поля́, непреры́вно повыша́ем урожа́и культу́рных расте́ний и выра́щиваем но́вые, лу́чшие сорта́ расте́ний.

Отвеча́я на труд и забо́ты люде́й, зелёные друзья́ бу́дут ещё лу́чше служи́ть челове́ку.

| вла́га 水分；潮湿 |
| за́суха 干旱 |
| упо́рный 顽强的；坚持不懈的 |
| проника́ть; прони́кнуть, -ну, -нешь; -ни́к, -ни́кла. во что. 洞察，识破，看清 |
| преобразова́ние 改变，改造 |
| ороша́ть; ороши́ть, -шу́, -си́шь. что. 灌溉 |
| пусты́ня 沙漠 |
| плодоро́дный 肥沃的 |
| сорт мн. -а́ (农作物的)品种 |

 Запо́мните!

добыва́ть поле́зные ископа́емые
　　开采矿物(矿产、矿藏)
предста́вить себе́ кого́-что 想像
сади́ться за стол обе́дать 坐到桌旁吃午餐
Оде́жда защища́ет от со́лнца.
　　衣服能避免太阳的暴晒。

спаса́ть урожа́й от за́сухи 使庄稼免遭旱灾
прони́кнуть в та́йны приро́ды
　　探索大自然的奥秘
превраща́ть пусты́ни в плодоро́дные поля́
　　使沙漠变为肥沃的田野
культу́рные расте́ния 农作物

 Посло́вица

Ум хорошо́, а два лу́чше. 人多智广。

31. Человек и растения

Задания

I. Выберите ответ, соответствующий содержанию прочитанного текста.

1. Что даёт нам природа?

   А. Воду.
   Б. Воздух.
   В. Полезные ископаемые.
   Г. Всё необходимое для жизни.

2. От чего во многом зависит жизнь человека?

   А. От животных.
   Б. От одежды.
   В. От растений.
   Г. От различных фруктов.

3. Главное значение деревьев заключается в том, что _____ .

   А. они могут очищать воздух, задерживать влагу.
   Б. они защищают от солнца.
   В. они нужны для строительства домов.
   Г. они – хороший строительный материал.

4. Почему говорят, что труд был единственным оружием в борьбе с природой?

   А. Потому что люди затратили много сил на труд.
   Б. Потому что труд помог людям изучить тайны природы и стать её хозяевами.
   В. Потому что труд даёт человеку хлеб.
   Г. Потому что труд имеет большое значение для человека.

5. Что мы должны делать, чтобы преобразовать природу?

   А. Мы должны добывать всё необходимое, выращивать лучшие сорта растений.
   Б. Мы должны бороться с природой.
   В. Мы должны охранять леса, превращать пустыни в плодородные поля, выращивать новые сорта растений.
   Г. Немало труда мы должны затратить, чтобы преобразовать природу.

II. Поставьте подчеркнутые линией слова в нужной форме, употребляя, где нужно предлоги. Укажите ударение.

1. Трудно представить себе ___наша жизнь___ без растений, этих зелёных друзей человека, ___одевать___ (*прич.*) и ___кормить___ (*прич.*) его.

2. Жизнь человека ___многое___ зависит ___эти зелёные друзья___ .

3. Если бы на земле не было растений, ___погибнуть___ все люди и животные.

115

4. Ка́ждый день мы __саді́ться__ _____ стол обе́дать. На́ша пи́ща ____ бо́льшая ча́сть ____ состоя́ть ____ расте́ния ____ (мн.).

5. Сло́вом, в на́шей жи́зни ____ ка́ждый ____ шаг ____ мы встреча́емся с расте́ниями, приноси́ть ____ (прич.) нам большу́ю по́льзу.

III. Переведи́те сле́дующие предложе́ния на кита́йский язы́к.

1. Но нема́ло труда́ прихо́дится затра́тить челове́ку, что́бы вы́растить хлеб.

2. Мы непреры́вно повыша́ем урожа́и культу́рных расте́ний и выра́щиваем но́вые, лу́чшие сорта́ расте́ний.

3. Отвеча́я на труд и забо́ты люде́й, зелёные друзья́ бу́дут ещё лу́чше служи́ть челове́ку.

IV. Отве́тьте на вопро́сы по-ру́сски.

1. Приведи́те приме́ры того́, каку́ю по́льзу прино́сят расте́ния челове́ку.

2. Расскажи́те, как вы помога́ли зелёному дру́гу.

Анекдо́т

Очень взволно́ванный челове́к бе́гает по вокза́лу.

— Бо́же мой, я опозда́л на по́езд!

— Что случи́лось?

— Я опозда́л на по́езд! Как я тепе́рь попаду́ домо́й?

— На ско́лько вы опозда́ли?

— На две мину́ты.

— А кричи́те так, сло́вно вы опозда́ли на два часа́.

> сло́вно 仿佛，好像

32

Человек и природа

У каждого человека есть дом, в котором он живёт. Но у всех жителей Земли есть и общий дом – это планета Земля. Этот свой общий дом людям нужно беречь, заботиться о нём.

Среди проблем, которые человечество должно решить в XXI веке, одно из главных мест занимают проблемы экологии.

Экология – это наука, которая изучает связи между живой природой и окружающей средой. Человек – это часть живой природы, и его отношения с окружающей средой очень важны для будущих людей.

Природа создала человека, и всё, что нужно для жизни, человек берёт у природы. Изменения, которые происходят в природе, часто являются результатом деятельности человека. Заводы и фабрики, которые производят современную технику, одежду, продукты питания, загрязняют воздух городов, воду рек и озёр. Чтобы получить новые земли для сельского хозяйства, вырубаются леса. Но при этом уничтожаются источники пресной воды, погибают растения и животные.

Учёные подсчитали, что к 2100 году планета потеряет 50% своей флоры и фауны.

Природные ресурсы не бесконечны, и об этом нельзя забывать.

Экологические проблемы сегодня – это загрязнение окружающей среды промышленными и бытовыми отходами, уничтожение лесов, образование «озоновых дыр».

Одной из важных экологических проблем является уменьшение запасов

экология 生态学；生态
вырубаться; вырубиться, -блюсь, -бишься 砍光，伐尽
флора 植物群
фауна 动物群
отходы мн. 废料，废品，剩余物
озоновый 臭氧的
дыра, -ы́; мн. ды́ры, дыр 窟窿，洞

прéсной воды́. Сегóдня человéчеству ну́жно бóльше прéсной воды́, чем мóжет дать Земля́.

> прéсный 味淡的，无盐的
> миллиáрд 十亿
> содержáть, -ержу́, -éржишь. нсв. когó-чтó. 含有，包括
> наноси́ть, -ошу́, -óсишь; нанести́, -есу́, -есёшь; -нёс, -несла́. что комý-чемý. 致使，使遭受
> нóрма 标准；标准额

Учёные счита́ют, что к 2025 году́ почти́ 3,5 миллиа́рда человéк – примéрно полови́на населéния земнóго шáра – бýдет испы́тывать недостáток в питьевóй водé.

В послéдние гóды мнóго говоря́т и пи́шут о загрязнéнии воды́ в уника́льном óзере Байка́л, котóрое содéржит 20% мировы́х запáсов прéсной воды́. В Байка́л попада́ют промы́шленные и бытовы́е отхóды, котóрые нанóсят óзеру огрóмный вред.

Большу́ю тревóгу вызывáет и загрязнéние вóздуха. В Росси́и 40 миллиóнов человéк ды́шат вóздухом, в котóром загрязнéние превышáет нóрмы в деся́тки раз. Врачи́ говоря́т о том, что тóлько 14% росси́йских детéй пóлностью здорóвы. 35% дéтских заболевáний свя́заны с кáчеством вóздуха. Сегóдня всё бóльше людéй понимáют, что пришлó врéмя, когдá необходи́мо осóбенно забóтиться о прирóде, охраня́ть её. Об экологи́ческих проблéмах говоря́т учёные и журнали́сты, врачи́ и писáтели.

Проблéмы окружáющей среды́ не знáют госудáрственных грани́ц, они́ óбщие для всех жи́телей Земли́, поэ́тому решáть э́ти проблéмы ну́жно всем вмéсте.

 Запóмните

живáя прирóда 生物界
окружáющая средá 环境
продýкты питáния 食品
прéсная водá 淡水
сéльское хозя́йство 农业
прирóдные ресýрсы 自然资源

промы́шленные и бытовы́е отхóды 工业废品和生活垃圾
питьевáя водá 饮用水
наноси́ть (приноси́ть) комý-чемý огрóмный вред (ущéрб) 给……带来巨大的损失

Всемý есть предéл. 万事皆有度。

32. Человек и природа

Задания

I. Выберите ответ, соответствующий содержанию прочитанного текста.

1. Что является общим домом для жителей Земли?

   А. Земля.
   Б. Луна.
   В. Марс.
   Г. Это дом, где живёт каждый человек.

2. Какие из проблем, по мнению автора, должно решить человечество в XXI веке?

   А. Проблемы энергии.
   Б. Проблемы ресурсов пресной воды.
   В. Проблемы загрязнения окружающей среды.
   Г. Проблемы экологии.

3. Почему отношения человека с окружающей средой очень важны для будущего людей?

   А. Деятельность человека вызывает изменения природы.
   Б. Производственная деятельность человека приносит природе огромный вред.
   В. Эти отношения определяют, какой будет экология.
   Г. Человек уничтожает источники пресной воды, отчего погибают растения и животные.

4. Что потеряет Земля к 2100 году по подсчёту учёных?

   А. 50% своей флоры.
   Б. 50% своей фауны.
   В. Половину своих растений и животных.
   Г. Половину своей питьевой воды.

5. Почему проблема запасов питьевой воды является одной из важных экологических проблем?

   А. Потому что в озере Байкал загрязняют 20% пресной воды.
   Б. Потому что землянам нужно больше питьевой воды, чем даёт Земля.
   В. Потому что скоро люди израсходуют воду на Земле.
   Г. Потому что население Земли будет испытывать недостаток в питьевой воде.

6. Почему загрязнение воздуха очень беспокоит некоторых учёных России?

   А. В России люди дышат сильно загрязнённым воздухом.
   Б. Только 14% российских детей полностью здоровы.
   В. В России 35% детских заболеваний связаны с качеством воздуха.
   Г. Загрязнение воздуха уже влияет на здоровье человека.

7. Почему проблемы окружающей среды являются общими для населения Земли?

А. Потому́ что реша́ть э́ти пробле́мы ну́жно всем вме́сте.

Б. Потому́ что пробле́мы эколо́гии не име́ют госуда́рственых грани́ц.

В. Потому́ что мы живём в век глобализа́ции эконо́мики.

Г. Потому́ что без междунаро́дного сотру́дничества нельзя́ реши́ть пробле́мы эколо́гии.

II. Поста́вьте подчеркну́тые ли́нией слова́ в ну́жной фо́рме, употребля́я, где ну́жно предло́ги. Укажи́те ударе́ние.

1. Челове́к – э́то часть ___жива́я___ приро́ды, и его́ отноше́ния ___окружа́ющая среда́___ о́чень ва́жны для бу́дущих люде́й.

2. Экологи́ческие пробле́мы сего́дня – э́то загрязне́ние ___окружа́ющая среда́___, ___промы́шленные и бытовы́е отхо́ды___, уничтоже́ние ___леса́___, образова́ние «___озо́новые ды́ры___».

3. Сего́дня ___челове́чество___ ну́жно бо́льше ___пре́сная вода́___, чем мо́жет дать Земля́.

III. Переведи́те сле́дующие предложе́ния на кита́йский язы́к.

1. Среди́ пробле́м, кото́рые челове́чество должно́ реши́ть в XXI ве́ке, одно́ из гла́вных мест занима́ют пробле́мы эколо́гии.

2. Приро́да создала́ челове́ка, и всё, что ну́жно для жи́зни, челове́к берёт у приро́ды.

3. В Росси́и 40 миллио́нов челове́к ды́шат во́здухом, в кото́ром загрязне́ние превыша́ет но́рмы в деся́тки раз.

4. Пробле́мы окружа́ющей среды́ не зна́ют госуда́рственных грани́ц, они́ о́бщие для всех жи́телей Земли́, поэ́тому реша́ть э́ти пробле́мы ну́жно всем вме́сте.

IV. Отве́тьте на вопро́сы по-ру́сски.

1. Как вы смо́трите на отноше́ния ме́жду челове́ком и приро́дой?

2. Как вы отно́ситесь к экологи́ческим пробле́мам? Вы́скажите свою́ то́чку зре́ния.

Анекдо́т

Учи́тель: – Приведи́те приме́р употребле́ния выраже́ния "к сча́стью".

Учени́ца: – Граби́тели подстерегли́ пу́тника и уби́ли его́. К сча́стью, он забы́л до́ма де́ньги.

граби́тель *м.* 强盗
подстере́чь *св.* кого́-что.
　窥伺到，暗中发现
пу́тник 过路人

33

Зелёный крест

Когда́ по у́лице с большо́й ско́ростью е́дет маши́на с кра́сным *кресто́м*, мы понима́ем, что где-то случи́лось несча́стье: заболе́л челове́к, и к нему́ е́дет «Ско́рая по́мощь». Но куда́ и кака́я маши́на должна́ е́хать, е́сли заболе́ла приро́да?

В после́днее вре́мя появи́лось мно́го книг, стате́й, в кото́рых говори́тся о приро́де и её пробле́мах. Экологи́ческая ситуа́ция в стра́нах ухудша́ется. Приро́да больна́, и ей ну́жно помо́чь. Но ме́жду слова́ми и дела́ми мно́гих люде́й, кото́рые говоря́т об экологи́ческом *кри́зисе*, мы ви́дим огро́мную *диста́нцию*. Е́сли спроси́ть любо́го челове́ка, хо́чет ли он, что́бы в го́роде был чи́стый во́здух, он отве́тит: «Да». Но, е́сли попроси́ть его́ отказа́ться от ли́чной маши́ны, он не согласи́тся э́то сде́лать, хотя́ автомоби́ль явля́ется гла́вным *загрязни́телем* атмосфе́ры. Об опа́сном состоя́нии земно́й атмосфе́ры о́чень то́чно говори́т изве́стный францу́зский учёный Жак-Ив Кусто́: «Земно́й шар похо́ж на дви́жущийся в косми́ческом простра́нстве автомоби́ль, *выхлопна́я труба́* кото́рого выхо́дит в каби́ну с пассажи́рами».

Коне́чно, мо́жно мно́го писа́ть, говори́ть об экологи́ческих пробле́мах, но слова́ не спасу́т приро́ду. Её спасу́т *реа́льные* дела́. Что́бы бы́ло бо́льше реа́льных дел, ну́жно *формирова́ть* у люде́й экологи́ческое мировоззре́ние. А оно́ создаётся не то́лько *ра́зумом*,

крест, -á 十字形
кри́зис 危机
диста́нция 距离
загрязни́тель м. 污染源
выхлопно́й 排气的, 排出
реа́льный 现实的, 实在的, 真实的
формирова́ть, -ру́ю, -ру́ешь; сформирова́ть. кого́-что. 形成, 培养
ра́зум 理智, 智慧, 智能

но и чу́вствами. Ча́сто мы начина́ем понима́ть ва́жность чего́-то то́лько по́сле того́, как потеря́ем э́то. Наприме́р, сейча́с мы говори́м себе́: «Мно́гие расте́ния и живо́тные уже́ исче́зли. Как жаль, что мы не уви́дим их никогда́!». Об э́том говори́ли уча́стники фо́рума по охра́не окружа́ющей среды́, кото́рый состоя́лся в Москве́ в 1989 году́: «Мы реши́м экологи́ческие вопро́сы, е́сли мы пригласи́м приро́ду в наш ум, в на́ши сердца́, в на́ши ду́ши». До тех пор, пока́ все лю́ди не пойму́т э́то, экологи́ческая ситуа́ция не улу́чшится. На э́том фо́руме был сде́лан вы́вод, что необходи́мо перейти́ от агресси́вного наступле́ния на приро́ду к сотру́дничеству с ней. Бы́ло при́нято реше́ние созда́ть междунаро́дный экологи́ческий ко́декс, кото́рый до́лжен контроли́ровать и регули́ровать отноше́ния челове́ка и приро́ды во всех регио́нах плане́ты. Бы́ло предло́жено созда́ть междунаро́дный центр экологи́ческой по́мощи «Зелёный крест», созда́ть Сове́т безопа́сности окружа́ющей среды́.

Мы зна́ем, что есть «Деклара́ция прав челове́ка», при́нятая ООН ещё в 1948 году́, но необходи́мо приня́ть «Деклара́цию прав приро́ды». Приро́да про́сит защити́ть её. Необходи́мо защити́ть во́здух, кото́рым мы ды́шим, во́ду, кото́рую мы пьём, зе́млю, кото́рая нас ко́рмит, лес, кото́рый нас ко́рмит, ле́чит, одева́ет.

Придёт вре́мя, когда́ экологи́ческая по́мощь бу́дет хорошо́ организо́вана, и мы смо́жем уви́деть на у́лице маши́ну с зелёным кресто́м и́ли в во́здухе самолёт то́же с зелёным кресто́м. Тогда́ мы поймём, что случи́лось несча́стье – заболе́ла приро́да, и к больно́й приро́де спеши́т «Ско́рая по́мощь».

> **фо́рум** 代表大会；论坛
> **агресси́вный** 侵略的，侵略性的
> **ко́декс** 法典
> **контроли́ровать, -рую, -руешь; проконтроли́ровать. кого́-что.**
>   监督，控制
> **сове́т** 理事会，委员会
> **деклара́ция** 宣言，声明

Коммента́рий

Жак-Ив Кусто́ 雅克•伊夫•库斯托（1910 –1997）— изве́стный францу́зский иссле́дователь Мирово́го океа́на, фото́граф, режиссёр, изобрета́тель, а́втор мно́жества книг и фи́льмов. Явля́лся чле́ном Францу́зской Акаде́мии. Бо́лее изве́стен как Капита́н Кусто́. Кусто́ в 1973 году́ основа́л некомме́рческое О́бщество по охра́не морско́й среды́.

33. Зелёный крест

Запо́мните!

ско́рая по́мощь 1. 急救 2. 急救站
   3. 救护车，急救车
в после́днее вре́мя 最近；目前
охра́на окружа́ющей среды́ 保护环境

до тех пор, пока́...не... 直到……开始
   为止，在……之前
Деклара́ция прав челове́ка 《人权宣言》
Деклара́цию прав приро́ды 《自然权宣言》

Посло́вицы

Не по слова́м су́дят, а по дела́м. 不能听其言，而要观其行。
Что име́ем, не храни́м, потеря́вши, пла́чем. 拥有时不珍惜，失去了方知贵。

Зада́ния

I. Вы́берите отве́т, соотве́тствующий содержа́нию прочи́танного те́кста.

1. Каково́ состоя́ние приро́ды в на́ши дни?

   А. Экологи́ческая ситуа́ция ухудша́ется.

   Б. Заболе́ла приро́да.

   В. Де́ятельность челове́ка вре́дна для приро́ды.

   Г. Для экологи́ческого состоя́ния приро́ды не ва́жно, как ведёт себя́ челове́к.

2. Как веду́т себя́ мно́гие лю́ди, кото́рые говоря́т об экологи́ческом кри́зисе?

   А. Они́ де́лают всё, что́бы помо́чь приро́де.

   Б. Ме́жду их слова́ми и дела́ми существу́ет больша́я ра́зница.

   В. Они́ безразли́чно отно́сятся к приро́де.

   Г. Они́ созна́тельно нано́сят вред приро́де.

3. Что явля́ется гла́вным загрязни́телем атмосфе́ры?

   А. Пы́льные бу́ри.

   Б. Промы́шленные предприя́тия.

   В. Автомоби́ли.

   Г. Теплов́ые электроста́нции.

4. Что мо́жет помо́чь спасти́ приро́ду?

   А. Разви́тие нау́ки и те́хники.

   Б. Приро́да не нужда́ется в по́мощи: она́ мо́жет защити́ть себя́ сама́.

   В. Строи́тельство а́томных электроста́нций.

Г. Формирование у людей экологического мировоззрения.

5. Какими должны быть отношения между человеком и природой?

А. Человек должен сотрудничать с природой.

Б. Человек должен покорять природу.

В. Человек должен брать у природы всё, что ему необходимо.

Г. Человек может и должен жить в отрыве от природы.

6. Какое решение должно быть принято на форуме по охране окружающей среды?

А. Выпускать больше книг о защите природы.

Б. Строго наказывать нарушителей экологии.

В. Принять «Декларацию прав природы».

Г. Создавать кинофильмы о проблемах природы.

II. Поставьте подчеркнутые линией слова в нужной форме, употребляя, где нужно предлоги. Укажите ударение.

1. Природа ____больной____ (кратк.), и ____она____ нужно помочь.

2. Но, если попросить человека отказаться ____личная машина____, он не согласится это сделать...

3. ____Этот форум____ был ____сделать____ (прич.) вывод, что необходимо перейти от агрессивного наступления ____природа____ ____сотрудничество____ с ней.

III. Переведите следующие предложения на китайский язык.

1. Но между словами и делами многих людей, которые говорят об экологическом кризисе, мы видим огромную дистанцию.

2. Земной шар похож на движущийся в космическом пространстве автомобиль, выхлопная труба которого выходит в кабину с пассажирами.

3. Как жаль, что мы не увидим их никогда!.

4. Мы решим экологические вопросы, если мы пригласим природу в наш ум, в наши сердца, в наши души.

5. До тех пор, пока все люди не поймут это, экологическая ситуация не улучшится.

IV. Ответьте на вопросы по-русски.

1. Как вам кажется, окружающая среда у нас улучшается с каждым годом или нет? Приведите примеры.

33. Зелёный крест

2. Как, по-вашему, люди вокруг нас теперь берегут природу больше, чем раньше?

Анекдот

Идёт слон по лесу. Вдруг из кустов выскакивает муравей и кричит:

— Стоять!!!

Слон остановился, а муравей кричит:

— Снимай трусы!!!

Слон снял трусы, муравей по ним лазил-лазил, а потом и говорит:

— Нет, не мой, мой с кармашками были...

слон	大象
муравей	蚂蚁
трусы	短裤，裤衩
кармашек	(карман 的指小表爱) *разг.* 口袋

34

Население планеты

Знаете ли вы, что такое демографический взрыв? Чтобы понять это, познакомимся с некоторыми цифрами.

10 тысяч лет назад на Земле было 10 миллионов человек. К началу нашей эры на Земле стало 200 миллионов человек. К 1650 году, который считается началом промышленной революции, было 500 млн. человек. К началу XIX века был уже 1 миллиард. В 1987 году было 5 миллиардов. К концу XX века было 6 миллиардов человек.

Сравнивая эти цифры, мы видим, что население планеты очень быстро увеличилось особенно за последнее время. Такой быстрый рост населения за короткий период времени называется демографическим взрывом.

Демографические взрывы могут происходить в отдельных странах в разное время. Например, в одной из самых больших по населению стран планеты, Индии, каждую минуту рождается 48 человек. Ежегодно население этой страны увеличивается на 18 миллионов человек. Через 34 года население этой страны удвоится.

Конечно, с одной стороны, рождение человека – это большая радость, но, с другой стороны, из-за большого населения на планете возникает много экологических проблем.

удваиваться; удвоиться, удвоится	加倍，翻倍
доля	一份，份额
биосфера	(地球)生物圈
гармония	和谐，协调

Демографические взрывы опасны, так как могут привести к экологической катастрофе. Ведь Земля рассчитана, по мнению учёных, только на 200 миллионов человек. Сейчас на нашей планете 6,7 миллиарда человек. Превысив свою долю в биосфере в 25 раз, человек нарушил гармонию в природе. А как будет чувствовать себя Земля, если на ней будет жить 27 миллиардов человек? Такое население будет на нашей планете к концу XXI века. Так считают учёные.

34. Население планеты

Но рост населения не может быть бесконечным. Если вы спросите биолога, что будет после того как кончатся природные ресурсы, он ответит, что произойдёт сокращение населения планеты. Это обязательно произойдёт, потому что человек – биологическое существо, которое зависит от состояния биосферы. А в биосфере наблюдается зависимость между размерами организмов, их количеством и количеством пищи,

существо́ 有生命的东西，活的东西，生物；人
разме́р 1. 大小；尺码，号码 2. обы́чно мн. 规模，范围
органи́зм 1.（有）机体；生物体 2. 体质，身体，体魄
потребля́ть; потреби́ть, -блю́, -би́шь. что. 吃（掉），喝（掉）
вещество́, -а́ 物质，物体
эгои́зм 利己主义

потребляемой ими. Если человек превысил свою долю в биосфере во много раз, то нетрудно представить себе, какую сложную экологическую ситуацию он создал в природе.

Но биосфера – саморегулирующаяся система, и она сама пытается защитить себя, если в ней что-то нарушается. Она делает это благодаря действию биосферного механизма: исчезли и продолжают исчезать нужные человеку растения и животные; биосфера не включает в круговорот многие вещества, которые образуются в результате хозяйственной деятельности человека; появилась и быстро распространяется страшная болезнь – СПИД. И это ещё не всё...

Если из-за своего эгоизма Человек не позаботится о биосфере, то она сама позаботится о себе. Вспомните слова биолога: «Если кончатся природные ресурсы, то произойдёт сокращение населения планеты». Человек не должен забывать, что он – часть природы. Он должен жить в согласии с природой. Он должен помнить, что природа не простит ему его эгоизма.

Комментарий

СПИД — **с**индром **п**риобретённого **и**ммунодефици́та 后天免疫缺损综合症，即艾滋病。

Запомните!

привести́ к экологи́ческой катастро́фе 导致生态灾难，造成生态惨剧
биологи́ческое существо́ 生物
саморегули́рующаяся систе́ма 自动调节系统
биосфе́рный механи́зм 地球生物圈的机理
жить в согла́сии с кем-чем 与……和谐相处
включа́ть в кругооборо́т что 使……循环，使……周转

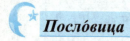

Пословица

Привы́чка – втора́я нату́ра. 习惯成自然。

Зада́ния

I. Вы́берите отве́т, соотве́тствующий содержа́нию прочи́танного те́кста.

1. Что тако́е демографи́ческий взрыв?
   А. Взрыв га́за.
   Б. Ре́зкое повыше́ние температу́ры во́здуха.
   В. Бы́стрый рост населе́ния плане́ты и́ли страны́.
   Г. Ре́зкое сниже́ние населе́ния плане́ты и́ли страны́.

2. Какова́ сейча́с чи́сленность населе́ния плане́ты?
   А. Бо́льше 6 с полови́ной миллиа́рдов челове́к.
   Б. 25 миллиа́рдов челове́к.
   В. 27 миллиа́рдов челове́к.
   Г. 200 миллио́нов челове́к.

3. Чем опа́сен демографи́ческий взрыв?
   А. Недоста́тком тра́нспортных средств.
   Б. Недоста́тком приро́дных ресу́рсов.
   В. Распростране́нием боле́зни СПИД.
   Г. Экологи́ческой катастро́фой.

4. Мо́жет ли бесконе́чно расти́ населе́ние на́шей плане́ты?
   А. Да, коне́чно.
   Б. Нет, не мо́жет.
   В. Мо́жет, е́сли разреши́т ООН.
   Г. Мо́жет, е́сли бу́дет доста́точно проду́ктов пита́ния.

5. Почему́ биосфе́ра самого́ себя́ регули́рует?
   А. Э́то результа́т де́йствия биосфе́рного механи́зма.
   Б. Биосфе́ра приво́дит в кругооборо́т мно́гие вещества́.
   В. В биосфе́ре что́-то всё вре́мя наруша́ется.
   Г. Бы́стро распространя́ется СПИД.

6. Как челове́к до́лжен жить вме́сте с приро́дой?
   А. Так, как он хо́чет жить.

34. Население планеты

Б. Человек должен позаботиться о биосфере.

В. Человек не должен забывать, что он – часть природы.

Г. В гармонии.

II. Поставьте подчеркнутые линией слова в нужной форме, употребляя, где нужно предлоги. Укажите ударение.

1. К 1650 году, который считается ___начало___ промышленной революции, _быть_ _____ 500 млн. человек.

2. _Сравнивать_ (*деепр.*) эти цифры, мы видим, что население планеты очень быстро увеличилось особенно ___последнее___ _время_.

3. Ведь Земля ___рассчитать___ (*прич.*), по мнению учёных, только ___200 миллионов___ человек.

4. Она делает это благодаря ___действие___ биосферного механизма: ___исчезнуть___ и продолжают исчезать нужные ___человек___ растения и животные.

III. Переведите следующие предложения на китайский язык.

1. Превысив свою долю в биосфере в 25 раз, человек нарушил гармонию в природе.

2. А в биосфере наблюдается зависимость между размерами организмов, их количеством и количеством пищи, потребляемой ими.

3. Превысив свою долю в биосфере в 25 раз, человек нарушил гармонию в природе.

IV. Ответьте на вопросы по-русски.

1. Какое впечатление произвёл на вас этот текст?

2. Как вы относитесь к быстрому росту населения планеты? Нужно ли принимать какие-нибудь меры по этой проблеме?

3. Как вы думаете, рост населения на Земле противоречит охране окружающей среды?

4. Как лучше ограничивать рождаемость населения в перенаселённых странах?

Загадка

Весной веселит,
Летом холодит,
Осенью питает,
Зимой согревается.   (Дерево)

ключи́ к те́кстам

1 1.Г 2.Б 3.А 4.Б 5.В
2 1.В 2.Б 3.Г 4.А 5.Г
3 1.А 2.В 3.Б 4.В 5.В
4 1.Г 2.В 3.Г 4.А 5. Г
5 1.Б 2.В 3.В 4.Г 5.Г
6 1.Б 2.В 3.В 4.Г 5.В
7 1.В 2.А 3.В
8 1.В 2.Г 3.А 4.В 5.Г 6.А
9 1.Г 2.В 3.А 4.Б 5.Б
10 1.Б 2.В 3.Г 4.Г 5.В 6.А
11 1.В 2.Б 3.В 4.В
12 1.Б 2.Г 3.Г 4.В
13 1.Г 2.В 3.В 4.Г 5.Б 6.А 7.Б
14 1.В 2.Г 3.Г 4.Г 5.В
15 1.Г 2.Г 3.А
16 1.В 2.В 3.Б 4.Б 5.Б
17 1.В 2.В 3.Б 4.Г

18 1.Г 2.Б 3.А 4.Г 5.Г
19 1.Г 2.В 3.В 4.Б 5.В
20 1.А 2.Г 3.Г 4.Г 5.В
21 1.Б 2.А 3.В 4.В 5.Г 6.А
22 1.Г 2.А 3.Б 4.В 5.Г
23 1.А 2.Б 3.В 4.Г 5.А
24 1.Б 2.А 3.А 4.Г 5.В
25 1.Б 2.В 3.Б 4.Г
26 1.В 2.В 3.Б 4.В 5.А 6.В 7.Г
27 1.Г 2.А 3.А 4.В 5.Б
28 1.Г 2.Г 3.Б 4.Г 5.Б 6.Г 7.В
29 1.В 2.Г 3.Г 4.Б 5.Б 6.А 7.В 8.Г
30 1.Г 2.В 3.Г 4.Г 5.Г
31 1.Г 2.В 3.А 4.Б 5.В
32 1.А 2.Г 3.В 4.В 5.Б 6.Г 7.Б
33 1.А 2.Б 3.В 4.Г 5.А 6.В
34 1.В 2.А 3.Г 4.Б 5.А 6.Г